数字化时代下的经济发展研究

孙硕　许露露　徐玲◎著

吉林出版集团股份有限公司
全国百佳图书出版单位

图书在版编目（CIP）数据

数字化时代下的经济发展研究 / 孙硕, 许露露, 徐玲著. -- 长春 : 吉林出版集团股份有限公司, 2023.8
ISBN 978-7-5731-4357-0

Ⅰ.①数… Ⅱ.①孙… ②许… ③徐… Ⅲ.①中国经济—经济发展—研究 Ⅳ.①F124

中国国家版本馆CIP数据核字(2023)第182315号

数字化时代下的经济发展研究

SHUZIHUA SHIDAIXIA DE JINGJI FAZHAN YANJIU

著　　者	孙　硕 许露露 徐　玲
出 版 人	吴　强
责任编辑	蔡宏浩
开　　本	787 mm × 1092 mm　1/16
印　　张	7.75
字　　数	117 千字
版　　次	2023 年 8 月第 1 版
印　　次	2023 年 8 月第 1 次印刷
出　　版	吉林出版集团股份有限公司
发　　行	吉林音像出版社有限责任公司

（吉林省长春市南关区福祉大路 5788 号）

电　　话　0431-81629679
印　　刷: 吉林省信诚印刷有限公司

ISBN 978-7-5731-4357-0　定　价　68.00 元

前 言

　　中国作为全球数字科技大国，拥有巨大潜力，未来值得期待。数字化的伟力正在颠覆现状，各行各业的价值链都将迎来收入和利润池的显著变革，并催生出大量充满活力的数字企业，从而不断增强中国经济的国际竞争力。中国市场体量庞大，拥有大量网民且较为年轻，为数字化商业模式的迅速商用创造了条件；不仅诞生了一些数字化巨头，更形成了不断扩张的数字化生态系统；政府重视数字经济的发展，不仅为数字化企业提供了足够的试水空间，而且也是数字技术的投资者和消费者。数字经济时代，如何更好地抢抓机遇、应对挑战，激发新的发展动力和活力，实现业务的快速、可持续增长，是每家企业都必须面对的课题。

　　本书是经济发展方向的书籍，主要研究数字化时代下的经济发展，本书从数字经济概论入手，针对数字经济基础设施与智能化数字经济的构建、数字经济产业链与发展战略、数字经济促进传统行业转型升级以及数字经济空间特征与空间计量进行了分析研究；另外对数字化企业的创新型战略做了一定的介绍；还对面向数字经济的企业创新管理、企业数字化转型提出了一些建议；旨在摸索出一条适合数字化时代下的经济发展研究工作创新的科学道路，帮助其工作者在应用中少走弯路，运用科学方法，提高效率。对数字化时代下的经济发展研究的应用创新有一定的借鉴意义。

　　本书在写作过程中，参考和借鉴了数字经济方面的大量文献资料，本着科学、负责的态度，精心审稿，选取最新的、有重要价值的数字经济理论和实践应用以及数字经济领域最新进展的内容，在此对相关作者表示诚挚的谢意。由于作者水平有限，加之时间仓促，书中不足之处在所难免，敬请批评指正，以便日后修改完善。

目 录

第一章 数字经济概论

第一节　导论

数字经济的蓬勃发展，给经济社会带来了颠覆性影响。数字经济是继农业经济、工业经济之后的一种新的经济社会发展形态。无论是从生产组织形式，还是从生产要素等方面来看，数字经济都是一种与农业经济、工业经济截然不同的经济形态。

一、数字经济的概念

（一）数字经济的定义

早在 20 世纪 90 年代，数字经济的提法就已经出现。被称为"数字经济之父"的美国经济学家出版了一本名为《数字经济：智力互联时代的希望与风险》的著作，该书详细论述了互联网对社会经济的影响，数字经济的概念进入理论界和学术界的研究视野。继而，《信息时代：经济、社会与文化》《数字化生存》等著作相继出版，数字经济的提法在全世界流行开来。从国家、政府和政府组织层面来说，数字经济的概念也是在 20 世纪 90 年代，最早由经济合作与发展组织提出的。此后，各国政府便采取措施将数字经济作为推动经济增长的新动能。日本通产省开始使用"数字经济"一词。同时期，美国商务部以"数字经济"为主题发布了多项年度研究成果。金融危机以来，各国为了尽快走出经济衰退的泥潭，纷纷制定数字经济战略。

一般认为，数字经济概念分为狭义和广义。狭义的数字经济是指完全或者主要由基于数字产品或服务的商业模式的数字技术所引起的那部分产出，即核心部门或者数字部门，包括软件制造、信息服务等行业；广义的数字经济——数字化经济，包括一切基于数字技术的经济活动，即除了狭义的数字经济外，还包括工业 4.0、精准农业、电子商务等。这种定义虽然模糊了界限，但是足以将未来涌现的基于数字技术的新业态纳入进来。中国信息通信研究院将数字经济分为数字经济基础部分（包括电子信息制造业、信息通信业以及软件服务业等）和数字经济融合部分（将数字技术应用到制造业、服务业等传统行业所增加的产出）。这种分类方法得到许多学者和研究机构的认同。

（二）与相关概念的区别和联系

20 世纪 90 年代以后，信息技术对整个社会产生的影响随着科技发展的脚步逐步加深，而人们对信息技术融入经济与社会这一过程的定义，在不同的发展阶段产生了不同的概念。除了早期的"信息经济"和近年的"数字经济"外，还存在网络经济、知识经济等概念。这些概念产生于数字经济发展的不同阶段，分别反映出不同时期人们对信息技术引起的社会变革的不同角度的理解。这些概念在定义和内涵上有细微的差别，但它们都是在描述信息技术对人类社会经济活动产生的影响与革新。

1. 信息经济

信息经济是一种日益强调信息活动和信息产业重要性的经济。信息经济理论开创者马克卢普和波拉特认为，信息经济是指以生产、获取、处理和应用信息为主的经济。20 世纪 80 年代，美国经济学家提出信息经济的概念，并描述信息经济是一种以新技术、新知识和新技能贯穿整个社会活动的新型经济形式，其根本特征是在经济运行过程中，信息成分大于物质成分，而且占主导地位，还有信息要素对经济的贡献。信息经济可以从微观和宏观角度理解。宏观信息经济研究信息作为生产要素的特征、功能以及对经济系统的作用条件和作用规律，它同知识经济相通，属于同一个范畴；微观信息经济是分析信息产业和信息产品的特征、在整个国民经济中的地位和比重以及信息对国民经济的贡献，强调的是信息产业部门经济。

信息经济是与"数字经济"最相似的概念，也是引起最广泛研究的概念之一。事实上，二者既存在时间上的顺承关系，也存在显著的内涵差异。

一方面，数字经济由信息经济发展而来，是信息经济发展的高级阶段。20世纪中叶，微电子技术和集成电路水平的提升，加上信息存储基础设施的突破，即第二代晶体管电子计算机的发明，极大地提高了信息和知识的存储能力。20世纪50年代，数字技术扩散至其他领域，在其他产业的应用与融合过程中，对产业结构和经济社会发展产生了深远影响。20世纪60年代基于20世纪50年代的数字技术背景，正式提出了信息经济的概念，将向市场提供信息产品或信息服务的企业视为重要的经济部门，并提出了"第一信息部门"的概念。该概念的使用伴随数字技术在经济社会的渗透被逐步认可，概念的内涵也随之不断丰富。20世纪七八十年代，在集成电路的规模化、微型处理器的出现等条件下，数字技术与其他产业部门的融合进入加速阶段，新现象的出现进一步丰富了信息部门的内涵。因此，在20世纪80年代后期，提出了"第二信息部门"的概念，认为除了直接向市场提供信息产品和服务的第一信息部门，同时存在把信息劳务和资本仅作为投入，并不直接进入市场的第二信息部门，将信息部门的外延进一步延伸至融合了信息产品和服务的其他经济部门。此时，数字经济与其他经济部门出现融合趋势，进一步深化了对经济社会的影响。同年，对信息经济的理论研究更加丰富，除理论概念的创新，还建立了信息经济的测算体系。经济学者波拉特撰写的《信息经济》一书，基于会计方法建立了信息经济测算模型，定义了主要信息部门和次要信息部门，发现10年前美国46%的国民经济活动与信息活动相关，信息活动创造的相关就业人数接近50%。该研究表明在工业经济时代，信息已经成为重要的生产要素，能够促进生产力的进步与发展。信息经济的研究开始受到重视。

另一方面，数字经济在技术基础、经济拉动、产业变革和社会变革等方面都呈现出与信息经济不同的特征。20世纪八九十年代，互联网技术日益成熟，生成了全球范围的海量数据，对原有基于分散的终端进行数据处理的能力带来了极大挑战，促使数字技术新特征的发展。20世纪末，大数据、云计算等新兴数字技术发展迅猛，带动数字技术从信息产业的外溢，在促进传统产业数字化的同时，也催生了新的产业和新的经济运行模式。数字化产业和产业数字化现象超越了之前学者提出的"第一信息部门"和"第二信息部门"范畴，国外学者基于上述背景，提出"数字化"。有"数字经济之父"之称的唐·塔普斯科特在《数字经济：智力互联时代的希望与风险》一书中提出数字经济概念，预见性地提出美国信息高速公路普及之后将出现新的经济体制，宣告数字经济时代的到来。进入 21 世纪，数字经济的概念不断传播，被广泛接受和使用。经济合作与发展组织（OECD）的相关研究报告开始使用数字经济展望取代了之前的通信展望、互联网经济展望和信息与通信技术展望。从信息经济概念到数字经济概念使用上的变化，体现了数字经济的发展演化过程，在数字技术在经济部门更加广泛的渗透、应用及融合的背景下，数字经济将以更广泛、更深入、更高级的方式为经济社会的发展带来更为深刻的变革。

2. 网络经济

"网络经济"又称互联网经济，是信息网络化时代产生的一种崭新的经济现象。网络经济兴起于 20 世纪 90 年代中期，经历了千禧年前后的互联网泡沫之后进入蓬勃发展阶段，并从网络宽带逐渐发展到移动互联网的新阶段。广义上理解，网络经济是指基于互联网进行的以资源的生产、分配、交换和消费为主的新形式经济活动。在当今发展阶段中，主要包括电子商务、即时通信、搜索引擎、网络游戏等形态。在网络经济的形成与发展过程中，互联网的广泛应用及电子商务的蓬勃兴起发挥了举足轻重的作用。互联网是网络经济存在的基础条件，电子商务是其核心。这主要是由于网络经济是伴随国际互联网的发展而产生出来的，因此，围绕国际互联网发展起来的一些新兴行业是网络经济不可缺少的一部分。在互联网经济时代，经济主体的生产、分配、交换和消费等经济活动以及金融机构和政府职能部门等主体的经济行为，都越来越多地依赖网络，从网络上获取大量经济信息，依靠网络进行预测和决策以及直接在信息网络上进行交易。国际互联网的发展改变了过去传统的交易方式，使得国际互联网成为传统经济一个便捷的交易平台，因此，原来通过传统的方式进行的交易活动演变成通过国际互联网进行的交易活动，即电子商务，应当视为网络经济的重要组成部分。

3. 知识经济

20 世纪以来，知识经济与数字经济都引起了人们的广泛关注，并且在相当长时间内被认为有替代性。知识经济是以知识为基础的经济，直接依赖知识和信息的生产、传播与应用。该报告将知识经济定义为建立在知识的生产、分配和使用（消费）之上的经济。其所述内容包括人类迄今为止所创造的一切知识，最重要的部分是科学技术、管理及行为科学知识。从生产要素的角度看，知识要素对经济增长的贡献高于土地、劳动力、资本等，因而"知识经济"是一种以知识为基础要素和增长驱动器的经济模式。

数字经济与信息经济、网络经济、知识经济之间的确存在差异。信息经济强调信息技术相关产业对经济增长的影响；网络经济强调互联网进行的以资源生产、分配、交换和消费为主的经济活动；知识经济强调知识作为基础要素在经济发展中的作用；数字经济则突出表现在整个经济领域的数字化。数字经济以信息通信技术的重大突破为基础，以数字技术和实体经济融合驱动的产业梯次转型及经济创新发展为引擎，其概念与范畴、特征与边界、运行机理与架构等均产生了质的飞跃。随着新一代信息技术的颠覆式创新与融合式发展，当前发展数字经济的重点不仅是发展互联网企业，而是发展的重点已经转变为推动互联网、大数据、人工智能和实体经济深度融合，数字经济绝不是特指少数互联网领军企业，而是要大力推进全产业、全主体、全要素、全业务、全渠道的数字化转型。

知识经济的产生是人类发展过程中知识积累到一定程度的结果，并最终孕育了信息技术和互联网的诞生。同时，信息技术和互联网的广泛应用更加促进人类知识的积累，并加速人类向数字时代的过渡。知识的不断积累是当今世界变化的基础；信息产业、网络经济的蓬勃发展是当代社会发生根本变化的催化剂；数字经济则是发展的必然结果和表现形式。由此可见，这几个概念相辅相成、一脉相承。

二、中国发展数字经济的重要意义

（一）中国发展数字经济的优势

经过数十年的发展，我国发展数字经济所依托的基础软硬件技术和产业取得了较大进展。目前，中国发展数字经济有着自身独特的优势和有利条件，起步很快，势头良好，在多数领域开始形成与先行国家同台竞争、同步领跑的局面，未来在更多的领域存在领先发展的巨大潜力。中国发展数字经济的独特优势突出表现在三个方面：人口优势、后发优势和制度优势。

1. 网民优势孕育了中国数字经济的巨大潜能

（1）网民大国红利日渐显现，使得数字经济体量巨大

近几年来中国的网民规模逐年攀升，互联网普及率稳健增长，网民大国红利开始显现。中国作为名副其实的第一网民大国，正是有了如此庞大的网民数量，才造就了中国数字经济的巨大体量和发展潜力。

（2）信息技术赋能效应显现，使得数字经济空间无限

近年来，信息基础设施和信息产品迅速发展，信息技术的赋能效应逐步显现，为数字经济带来无限创新空间。以互联网为基础的数字经济，解决了信息不对称的问题，边远地区的人们和弱势群体通过互联网、电子商务就可以了解市场信息，学习新技术、新知识，实现创新、创业，获得全新的上升通道。基于互联网的分享经济还可以将海量的碎片化资源（如土地、房屋、产品、劳力、知识、时间、设备、生产能力等）整合起来，满足多样化、个性化的社会需求，使得全社会的资源配置能力和效率都得到大幅提升。当每一个网民的消费能力、供给能力、创新能力都进一步提升并发挥作用时，数字经济将迎来真正的春天。

（3）应用创新驱动，使得人口优势有效发挥

当前，数字经济发展已从技术创新驱动向应用创新驱动转变，中国的网民优势就显得格外重要。庞大的网民和手机用户群体，使得中国数字经济在众多领域都可以轻易在全球排名中拔得头筹。

2. 后发优势为数字经济提供了跨越式发展的特殊机遇

（1）信息基础设施建设实现了跨越式发展

目前，中国信息基础设施基本建成：一是建成了全球最大规模的宽带通信网络，我国固定宽带接入数量达 5.63 亿，覆盖全国用户的 94%；二是网络能力得到持续提升，"全光网城市"由点及面全面推开，城市家庭基本实现 100M 光纤全覆盖。

（2）信息技术应用正在经历跨越式发展

中国数字经济的发展是在工业化任务没有完成的基础上开始的，工业化尚不成熟降低了数字经济发展的路径依赖与制度锁定。工业化积累的矛盾和问题

要用工业化的办法去解决，这十分困难也费时较长，但有了信息革命和数字经济就不一样了。中国的网络购物、网络约租车、分享式医疗等很多领域能够实现快速发展，甚至领先于许多国家，在制造业领域，工业机器人、3D打印机等新装备、新技术在以长三角、珠三角等为主的中国制造业核心区域的应用明显加快，大数据、云计算、物联网等新的配套技术和生产方式开始得到大规模应用。多数企业还没有达到工业 2.0、工业 3.0 水平就迎来了以智能制造为核心的工业 4.0 时代。可以说，数字经济为中国加速完成工业化任务、实现"弯道超车"创造了条件。经过多年努力，中国在芯片设计、移动通信、高性能计算领域取得重大突破，部分领域甚至达到全球领先，涌现出一批国际领先企业，在全球地位稳步提高。

（3）农村现代化跨越式发展趋势明显

仅仅因为有了互联网，许多原本落后的农村彻底改变了面貌。农村电商的快速发展和"淘宝村"的崛起，吸引了大量的农民和大学生返乡创业，人口的回流与聚集也在拉动农村生活服务水平的提升和改善，释放的数字红利也为当地发展提供了内生动力。现在，网购网销在越来越多的农村地区成为家常便饭，网上学习、手机订票、远程医疗服务纷至沓来，农民开始享受到前所未有的实惠和便利。正是因为有了数字经济的发展，许多农村地区从农业文明一步跨入信息文明，农民的期盼也从"楼上楼下，电灯电话"变成了"屋里屋外，用上宽带"。

（4）信息社会发展水平相对落后，为数字经济发展预留了巨大空间

信息社会发展转型期也是信息技术产品及其创新应用的加速扩张期，为数字经济大发展预留了广阔的空间。目前，中国电脑普及率、网民普及率、宽带普及率、智能手机普及率、人均上网时长等都还处于全球中位水平，发展空间巨大，未来几年仍将保持较快增长。以互联网普及为例，每年增加 4000 万以上的网民，就足以带来数字经济的大幅度提升。

3. 制度优势为数字经济发展提供了强有力保障

中国发展数字经济的制度优势在于强有力的政治保障、战略规划、政策体系、统筹协调和组织动员。这为数字经济的发展创造了适宜的环境，带动整个中国

经济社会向数字经济转变。

（1）组织领导体系基本健全，提供了政治保障

各级领导对我国信息化建设高度重视，信息化领导体制也随之基本健全。建设网络强国、发展数字经济已形成全国共识。各级领导和政府部门对信息化的高度重视，为数字经济的发展提供了重要的政治保障。

（2）信息化引领现代化的战略决策，提供了明晰的路线图

《国家信息化发展战略纲要》提出了从现在起到 21 世纪中叶中国信息化发展的三步走战略目标，明确了在提升能力、提高水平、完善环境方面的三大类 56 项重点任务。确切地说，国家信息化发展战略决策为数字经济发展提供了明晰的路线图。

（3）制定形成了较为完整的战略方针

在过去两年多的时间里，中国围绕信息化和数字经济发展密集提出了一系列战略方针，包括"互联网 +"行动、宽带中国、中国制造 2025、大数据战略、信息消费、电子商务、智慧城市、创新发展战略等。各部门各地区也纷纷制定出台了相应的行动计划和保障政策。中国信息化政策体现出国家对发展数字经济的决心之大、信心之足和期望之高。更为重要的是，中国制度优势有利于凝聚全国共识，使政策迅速落地生根，形成自上而下与自下而上推动数字经济发展的大国合力。

（二）中国发展数字经济的必要性

当前，数字经济正成为我国经济发展的重要驱动力量。发展数字经济对适应和引领经济发展新常态、中国转型发展、贯彻落实新发展理念、培育新的经济增长点具有重要的促进作用，同时也是落实网络强国战略的重要内容。

1. 中国发展数字经济是贯彻落实新发展理念的集中体现

数字经济本身是新技术革命的产物，是新的经济形态、新的资源配置方式和新的发展理念，集中体现了创新的内在要求。数字经济减少了信息流动障碍，加速了要素流动，提高了供需匹配效率，有助于实现经济与社会、区域之间的协调发展。数字经济能够极大地提升资源的利用率，是绿色发展的最佳体现。数字经济最大的特点就是基于互联网，而互联网的特性是开放共享。数字经济

是推动高质量发展的重要支撑。数字经济的发展以数据作为关键生产要素，将有效驱动劳动力、资本、土地、技术、管理等要素实现网络化共享、集约化整合、协作化开发和高效化利用。我国经济已由高速增长阶段转向高质量发展阶段。推动互联网、大数据、人工智能和实体经济深度融合，大力发展数字经济，是加快新旧动能转换、建设现代化经济体系，推动高质量发展的重要举措。

2. 数字经济是构建信息时代国家竞争新优势的重要先导力量

随着数字经济的发展，信息时代的核心竞争能力表现为一个国家和地区的数字能力、信息能力和网络能力。中国发展数字经济有着自身独特优势和有利条件，在多数领域已形成与先行国家同台竞争、同步领跑的局面，未来在更多的领域都将有领先发展的巨大潜力。面对新一轮互联网信息化革命浪潮，我国政府也根据基本国情和整体需要，提出"网络强国"的发展战略，积极推进"数字中国"建设，从而使得数字经济上升到国家战略层面。数字化工具、数字化生产、数字化产品等数字经济形态快速崛起，成为新常态下我国经济结构转型升级和经济发展的新动能。数字经济是经济一体化的重大机遇。随着世界经济结构经历深刻调整，许多国家都在寻找新的经济增长点，以期在未来发展中继续保持竞争优势，更有效地提高资源利用效率和劳动生产率。全球范围内，数字经济对全球经济增长的引领带动作用不断显现。发展数字经济已在国际社会凝聚了广泛共识，为促进加深各国务实合作，构建以合作共赢为核心的新型国际关系提供了重大机遇。

3. 发展数字经济是推进供给侧结构性改革的重要抓手

以新一代信息技术与制造技术深度融合为特征的智能制造模式，正在引发新一轮制造业变革，数字化、虚拟化、智能化技术将贯穿产品的全生命周期，柔性化、网络化、个性化生产将成为制造模式的新趋势，全球化、服务化、平台化将成为产业组织的新方式。数字经济在农业领域中不断引领农业现代化，开启数字农业、智慧农业等农业发展新模式。在服务业领域，数字经济的影响与作用已经很好地体现出来，电子商务、互联网金融、网络教育、远程医疗、网约车以及在线娱乐等已经使人们的生产生活发生了极大改变。我国产业成本持续走高，但产业效率却很低，数字化转型需求日益迫切。从成本来看，中国劳动力的平均工资上升了 8 倍，波士顿咨询公司的报告也认为中国的制造成本逼近美国；从效率来看，中国工业的人均增加值只有美国的 1/5，服务业更低，只有 1/10。中国产业高质量发展亟须由要素驱动转向创新驱动，加快数字化转型是必然选择。中国信息通信研究院（简称中国信通院）的测算表明，近年来工业企业的生产效率有所提升，其中有 29% 是由数字技术贡献的。

随着全球信息化步入全面渗透、跨界融合、加速创新、引领发展的新阶段，我国也借势深度布局，大力推动数字经济的发展。中国特色社会主义已经进入新时代，中国经济已由高速增长阶段转向高质量发展阶段。推动数字经济蓬勃发展，对于拓宽我国经济发展空间、培育发展新动能、满足人民日益增长的美好生活需要，都具有极为重要的意义。

三、数字素养与数字经济的学科支撑体系

（一）数字素养是 21 世纪人才的首要技能

随着信息技术的发展和数字工具的普及，数字素养已成为 21 世纪公民参与经济和社会生活的必备技能。数字时代对人才的要求不仅满足于专业技能，数字技术已成为各行业人才不可或缺的一项基本素质。"数字素养"的概念，最初由以色列学者于 20 世纪 90 年代中期提出。

还有学者接着提出数字素养主要包括获取、理解与整合数字信息的能力，具体包括网络搜索、超文本阅读、数字信息批判与整合等技能，从而有效区分了数字素养和传统的印刷读写能力。

数字素养的内涵在实践中不断丰富、完善，以适应新的时代特征。当前，数字素养可定义为利用先进的数字技术，在信息获取、整合、评价、交流的整个过程中开发和使用数字资源，提高人们参与社会经济活动的能力。

随着数字技术向各领域渗透，劳动者越来越需要具有双重技能——数字技能和专业技能。但是，各国普遍存在数字技术人才不足的现象，40% 的公司表示难以找到他们需要的数字人才。所以，具有较高的数字素养成为劳动者在就业市场胜出的重要因素。对消费者而言，若不具备基本的数字素养，将无法正确地运用数字化产品和服务，而成为数字时代的"文盲"。农业经济和工业经济，

对多数消费者的文化素养基本没有要求，对劳动者的文化素养虽然有一定要求，但往往局限于某些职业和岗位。然而，在数字经济条件下，数字素养成为劳动者和消费者都应具备的重要能力。

因此，数字素养是数字时代的基本人权，是与听、说、读、写同等重要的基本能力。提高数字素养既有利于数字消费，也有利于数字生产，是数字经济发展的关键要素和重要基础。

提升数字素养，无论是对个人还是国家，都具有重要意义。对个体而言，其数字素养的高低影响着他对时代的适应能力，影响着他在海量数字化信息面前能否有效地获取信息、传递信息、享受数字媒介社会带来的便利。对国家而言，其国民数字素养也日益成为提高国民素养的一个重要组成部分，影响着这个国家国民的综合素质，民众数字素养水平直接关系到一国的数字鸿沟情况及相应的结构性失业和贫富差距问题，更关系到一个国家整体的数字经济发展水平。为了提高全民的数字素养水平，一方面，政府要与各方合作，开展面向全民的数字素养教育；另一方面，要全面强化学校的数字素养教育，提高学生的数字能力。

（二）数字经济的学科支撑体系

信息通信技术引发了信息革命，促进数字经济不断壮大。近年来，移动互联网、云计算、大数据、人工智能、物联网、区块链等计算机信息技术的突破和融合发展促进了数字经济的快速发展。此外，高级机器人、自动驾驶、3D打印、数字标志、生物识别、量子计算、再生能源等技术也将成为未来的重要技术，各种技术不断创新融合，以指数级速度展开，形成多种技术整体演进、群体性突破，推动着数字经济持续创新发展。

数字经济的崛起会给经济学带来什么样的影响？是否需要重建经济学理论体系？目前，理论界存在两种截然不同的观点：一种观点认为数字经济的迅猛发展，将对传统经济学进行彻底颠覆，需要重建一套全新的经济学理论体系；另一种观点认为数字经济并没有彻底颠覆传统经济学，因为数字经济只是用互联网技术和信息技术武装起来的传统经济，因此，传统经济学的一般原理和分析方法是不会改变的。本书赞同后一种观点。因为经济学是研究人的经济行为的科学，是关于人的选择的科学。与传统经济相比，在数字经济下，人们面对的选择对象更多的是与大数据相关的产品，但仍然是人在选择，因此，传统的经济学理论也应该适用于数字经济的研究。反过来说，如果数字经济能够对经典的经济学理论形成如此颠覆性的挑战，那么经济学理论还能被称为科学吗？

从数字经济与传统经济的关系来看，也没有建立全新的经济学体系的必要。一方面，数据要素确实能够像"新石油"一样迅猛地改变世界，但数字经济不可能完全替代传统经济，二者必然是在互动中实现共同发展。如果我们仔细观察就会发现，数字经济中的许多方面都可以在旧的经济框架中找到。例如，平台经济同样是买卖双方的市场、交易的平台，同样反映供求定律和价值规律，企业同样是追求利润最大化，平台只是改变了谋求利润最大化的手段和模式，均衡分析、边际分析、产业组织理论和博弈论等分析方法仍然适用。另一方面，数字经济又有自身的规律和特点，如摩尔定律、梅特卡夫法则、共享经济、注意力经济等越来越重要，汽车和钢铁时代的货币与反垄断政策已无法适应现在的数字经济时代等。因此，目前需要解决的问题是：怎样使传统的经济学更具有解释力，以解释数字经济发展过程中出现的新现象和新问题。

数字经济实践发展如此之快，以至于相关的学术研究无法跟上实践发展的步伐。就目前的研究现状来看，国内外关于数字经济的研究主要集中在数字经济发展特点、现状、统计方法、水平测度和典型案例等实践发展情况的介绍；在理论研究方面，越来越多的学者从多个视角展开了对数字经济内在发展规律的研究，但大多呈现点状分布，尚没有形成完整的学科体系。现有关于数字经济的基础理论研究中，大多仍然沿用较为成熟的网络经济学、知识经济学和信息经济学的相关内容，因此，目前将"数字经济学"作为经济学分支的条件尚不成熟。

但值得注意的是，对数字经济发展规律的认识和发掘是必须且急需的，现有相关学科在解释数字经济方面存在诸多不足。一方面，数字经济的发展涉及网络经济、知识经济和信息经济等诸多领域，并不是某个单一学科所能覆盖和解释的；另一方面，数字经济呈现出的新特征超越了现有理论的解释能力，例如物联网的出现重构了人与物、物与物的连接方式，使传统经济当中重点研究的人与人的关系转向人与物、物与物的关系研究；共享经济的出现冲击了人们对网络外部性的认识，新的商业模式不断涌现，给企业组织和产业组织带来重大变革。总之，随着人们对数字经济从外部现象到内在规律认识的加深，数字经济学将逐渐形成一门新兴的经济学分支学科。

知识的累积和创新需要站在巨人的肩膀上。本书试图构建一个经济学视角下的数字经济理论体系。在总结现有研究成果的基础上，提出具有一般性意义的规律和结论，为人们拨开纷繁复杂的数字经济表象和认识其一般发展规律提供有益的参考。本书的研究建立在主流的经济学理论基础上，融合了网络经济学、知识经济学和信息经济学的相关内容。此外，就数字技术层面来看，数字经济的学科支撑体系还包括信息技术理论、通信技术理论；就数据应用层面来看，统计学为数字经济时代的决策提供"量"方面的依据；就管理层面来看，数字经济时代，管理领域受到极大影响，管理学基础理论在受到巨大冲击的同时，也通过各行各业的管理实践来总结经验并丰富自身。这些学科共同构成了数字经济理论的支撑体系。

第二节　数字经济的基本原理

一、数字经济的供给侧特征

（一）数据成为关键生产要素

1.数据要素的概念

这里我们要区分"大数据"与"数据要素"两个概念的差异。"大数据"具有 4V 的特点：数据量大、种类繁多、时效高和价值低。这些特点决定了数字经济时代中的数据就像大海一样广阔无垠，且大多难以直接利用。因此，开启数字经济时代的关键点之一，就是如何寻找有价值的数据资源以及如何挖掘其潜在的商业价值。数字经济时代将大量的数据经过提取、加工、归纳、提炼之后具有某种应用价值，能够用于指导实践或商业化创新的信息或知识，可以称为"数据要素"。

人类社会进入信息化时代之后，先后经历了信息经济、网络经济和数字经济三个阶段。伴随着实践的进步，人们对于数据、信息和知识的认识也逐步深化。为了进一步理解"数据要素"这个概念的含义，我们沿用知识经济学中对上述三个概念的解释，并以此为基础引出"数据要素"的概念。

（1）数据、信息和知识

所谓数据，是指一系列非随机的符号组，代表了观察、测量或事实的记录，往往采取文本、声音或图像等形式。数据本身没有意义，但它是信息的原始资料，即数据可以通过有目的性的加工处理成信息。

所谓信息，是指已被处理成某种形式的数据，这种形式对接受者具有意义，并在当前或未来的行动或决策中，具有实际的、可觉察到的价值。

所谓知识，是指人类对物质世界以及精神世界探索结果的综合，是系统化、理论化、科学化和专门化的认知结论。经济合作与发展组织提出"4W"知识分类体系：①知道是什么，指关于事实方面的知识；②知道为什么，指原理和规律方面的知识；③知道怎么做，指操作的能力，包括技术、技能、技巧和诀窍等；④知道是谁，包括特定关系的形成，以便可能接触有关专家，并有效地利用他们的知识，也就是关于管理的知识和能力。其中，后两种知识被称为"默会知识"或"隐性知识"，因为相比于前两种，它们更难进行编码和测度，默会知识一般通过技巧、诀窍、个人经验、技能等实践渠道获得。知识可以看作构成人类智慧的最根本的因素。

信息与知识在本质上是有区别的。信息能够很容易地被编码和传递，而知识往往比较模糊，难于编码化。知识作为人的认知能力的基础，实质上贯穿每一个过程，包括把数据序化、整合、加工成信息，选择吸收有用的信息，或者将信息翻译成有用的知识等，这些都是一个个复杂的认知过程。只有当一个人知道如何使用信息，知道信息的含义、局限性和如何用它来创造价值的时候，才有所谓的新知识。知识与信息之间的关系是互动的，知识的产生依赖信息，而相关信息的开发又需要知识的应用。应用信息的工具和方法也影响着知识的创造。相同的信息可以转化为不同种类的知识，这取决于分析的类型和目的。

以上四个基本转化过程可以视具体情况组合成简单或复杂的形式，用来详细描述知识（信息）的生产过程，即"数据—信息—知识—创新"过程。

（2）大数据与数据要素

我们正处于一个信息大爆炸时代，近几十年来，由互联网、物联网、移动终端所产生的海量数据已经超过了人类之前所产生的数据之和。这些具有碎片化和非结构特征的海量数据并不完全有利用价值，需要对其进行搜集、加工、整理、分析和挖掘。经过处理后的数据便成为数据要素，进而成为重要的资源或产品。

基于上述分析我们认为，从要素的价值属性上来看，将"大数据"本身作为一种新的生产要素是不合理的，应当将"数据要素"作为新的生产要素。二者的区别在于：①大数据是对社会生产、消费或生活的电子化原始记录，由移动互联网或物联网上的各个终端生产出来，总量增长迅速，数据种类繁多，时效性很高，大多不能直接利用，价值密度较低；②当使用一定数字技术在较短时间内对大量电子化数据进行搜集、加工、整理、归纳和提炼以后，形成格式规范相对统一、价值密度相对较高的信息或知识的时候，可以称为"数据要素"。数据要素可以被用来指导某一领域的实践或者用于进行商业化创新。考虑到不论是信息还是知识，都具有一定的价值属性，因此，在后文的分析中将统称为"数据要素"。

2. 数据要素是一种高级生产要素

一种观点认为大数据时代数据规模呈指数式增长，其总量将趋近于无穷大，数据生产的边际成本为零或者趋近于零，也就是说数据是非稀缺资源。但实际上，这种观点并不准确，因为混淆了大数据和数据要素这两个概念。实际上，数字经济中人们关注的并不是繁杂无章、没有利用价值的海量数据，而是从海量数据中提取的规律性、启示性或预测性的信息或知识，这正是本书当中所指的"数据要素"的含义。

生产要素是经济学中的一个基本范畴，是指进行社会生产经营活动时所需要的各种社会资源，是维系国民经济运行及市场主体生产经营过程所必须具备的基本因素。生产要素分为初级生产要素和高级生产要素。初级生产要素是指土地、自然资源、非技术工人等，仅需要继承或者简单的投资就可以获得；高级生产要素包括高技术人才、资本、技术等，需要在人力、资本和技术上先期大量和持续地积累才能获得。所谓高级生产要素，是指一个经济体需要经过多年积累才能够实现的、具有更高生产效率的投入要素。一般认为，自然资源和简单劳动力属于低级生产要素，因为其生产或开发并不需要很高的技术水平，容易被其他同类要素所替代，技术进步较慢，边际产出较低。而高级生产要素一般包括资本、高级劳动力、技术、卓越企业家等，其生产或开发需要耗费大量的人力、物力，且需要长期的积累才能实现，具有不易替代性、边际产出较高且容易发生效率改进。当一国的要素禀赋结构从初级要素转向高级要素，就能够建立起拥有更多话语权的竞争优势地位。

数据要素是一种高级的生产要素。随着多年信息化建设的深入推进以及移动互联网的迅猛发展，产生了源源不断的海量数据。特别是智能手机的出现，使得每个消费者都成了重要的数据生产者，而以智能手机为代表的智能终端所拥有的各种传感器便是新的数据源。智能手机等设备能够随时随地在需要的时候生成图像、视频、位置、健康等数据，而这些数据在 PC 时代只有靠专用设备才能生成。这样海量而杂乱无章的数据需要在很短的时间内搜集、整理、加工和利用，甚至创新，这需要耗费大量的高级人力要素和资本要素。不同类型的数据要素可能有所差异，专用性较强的数据要素边际生产成本可能相对较高；而通用性较强的数据要素初始成本相对较高，而边际成本则相对较低。同时，数据要素的供给并不是无限的，受高级人力要素的制约，大数据中蕴含的信息和知识的挖掘工作仍然是有限的，而这也造成了目前诸多行业对大数据领域高级人才的需求非常旺盛，"知识付费"也逐渐成为网络主流。

值得注意的是，通过技术革命所带来的信息流动和处理方式的根本变化，在信息的传递与处理方面极大地降低了成本且提高了效率，使得人类历史性地在极大程度上克服了信息传递与处理能力资源的稀缺性限制，同时也使得这种资源稀缺性更集中地体现在人类自身的有限理性层面。

（二）数据要素的使用价值

数字经济通过以下四种路径对经济发展产生影响：第一，数据要素作为一种高级生产要素，具备生产性和稀缺性两个特征，当其进入生产函数之后，通过改变资本和劳动的投入结构实现成本节约，从而提升企业的产出效率；第二，信息不对称会对经济效率和竞争产生负面影响，数据要素通过降低搜寻成本缓解不完全信息问题；第三，数字产品的成本结构决定了其具有显著的规模经济特征，随着数字企业从初创期进入扩张期，对规模经济的追求将重塑企业竞争格局和产业组织形态；第四，与传统时代相比，数字技术创新周期加快，一方面通过技术创新提升了全要素生产率，另一方面通过刺激多样化、个性化的需求提升了消费水平。

1. 数据要素能够缓解不完全信息问题

受限于工业时代网络空间的发展程度，经济行为主体对经济系统内各类信息的搜集、整合、分类、加工和处理的能力相对有限。在数字经济时代，大数据、云计算和人工智能技术的发展大大拓展了经济行为主体获取信息的能力。一个基本的观点是线上搜寻成本低于线下搜寻成本，这是因为线上更容易搜寻和比较潜在的交易信息。数字技术带来了搜寻成本降低对价格及价格离散度、产品种类、市场匹配、平台商业和组织结构的影响。

数据的产生源自网络空间对物理和社会空间内各种关系的映射。在工业化时代，受信息技术水平的制约，网络空间和物理空间的映射关系相对松散。在数字经济条件下，通过机器学习和数据挖掘等手段，经济行为主体不仅能够获取正在发生事件的数据，其在一定程度上还能对将要发生的事件进行预测。同时，经济行为主体可获得数据的维度也在不断丰富，不仅包含数字化数据，还包含大量非数字化数据（图片、图书、图纸、视频、声音、指纹、影像等）。总之，网络空间的发展和相应技术手段的进步在一定程度上消除了经济系统内信息的不完全性，使生产和服务的供求信息更加精确化，从而为网络化和生态化的创新组织方式变革奠定了基础。

在新古典经济学的分析中，一般假定决策者拥有完全信息，并由此做出生产或消费决策。但现实生活并非如此，决策者在进行任何决策的时候都面临不完全信息的困境，以及由此带来的决策结果不确定性。在数字经济出现之前，商业和金融决策者通常使用"满意和经验法则"进行决策；而随着数字技术的创新和应用，信息的匹配更为有效，虽然不可能完全消除不完全信息问题，但能够在一定程度上缓解这种困境。数据要素缓解信息不完全问题表现为以下两方面：

（1）更有效地匹配消费者与供应商

在推销阶段,消费者数据库有利于精准定位目标群体和选择适宜广告模式。目前,大数据和云计算已经在部分具有相当实力的公司里发挥作用,如推荐系统、预测产品需求和价值等。企业同时可以访问消费者日常操作所形成的数据库,然后检查其有效性。虽然这还没有真正在实践中广泛推广,但依然为企业直接营销到下一个层次提供了机会,大大缩小了潜在消费者的范围,使企业变得有利可图。同时,当消费者在查询信息或是浏览网站、视频时,在主页面周边或是狭窄的缝隙里自动弹出消费者近段时间曾经搜索的相关信息的增值业务。例如,你曾经搜索过某一本书,则会有各种购书网站弹出广告以及相关的书籍信息。

在生产阶段,定制化服务有利于企业根据消费者偏好进行个性化生产。例如,通信业务的流量及通话套餐的选择,运营商不再强制消费者开通或购买所有业务,而是消费者根据自己的喜好和实际需求来选择定制业务,新的定价模式变得透明并能自由搭配,使得消费者满意度有所提高,运营商的竞争力也有所提升。企业与客户、合作伙伴在行业之间进行意见交换在极大程度上使消费者与供应商更加匹配。

在售后阶段,数字化资源库为供应商和消费者提供了有效的正反馈渠道。消费者可以很容易地通过点击鼠标或点击触摸屏访问海量信息和选择供应商,从而不再被迫支付他们不希望或者不需要的产品或服务,同时可以随时随地与其他消费者进行体验分享,供应商则可以通过跟踪消费者的体验通过返现、退换货等手段减少客户对产品的抵制情绪。

（2）更有效地匹配工作岗位

目前,对优秀人才的需求竞争非常激烈,人才对于企业的价值体现在劳务输出创新能力以及人才吸引等方面。在很多国家,人才创造了绝大部分的价值。随着我国经济转型和产业升级,可以预料到人才的需求竞争将会愈加激烈。但随着互联网化程度的加深,信息资源可获取性加强,企业员工流动性明显加快,员工的平均任期不断下降。

在互联网时代,人才和雇主的关系悄然发生变化,雇主和员工之间从商业交易转变为互惠关系。员工对企业的诉求不仅停留在薪资水平这一单一指标，还需要通过科学的人力资源分析，让企业找到"猎取、培养和留住人才"的解决方案。现在已经出现专业公司和专业软件使用数据处理技术进行企业人力资源管理，主要应用包括人员招聘、培训管理、绩效管理和薪酬管理四个方面。但就整个行业而言，大数据人力资源管理尚处于行业探索期。

2. 数据要素的低复制成本决定了规模经济属性

由于数据要素是以比特形式存在并在互联网终端设备上存储和传播，一件数字产品被生产出来后，便可以通过低成本或零成本复制而无限供给。这一特征决定了数字产品在消费中具有非竞争性，即不同的消费者可以同时使用该产品而相互不受影响。不同消费者可以突破时空的限制使用同一产品的前提是，该产品是在互联网上生产、消费的。

一般认为，数字产品边际成本为零，但边际成本为零的简易微观经济模型与边际成本为正的模型并无太大的不同。数字产品与非数字产品最关键的区别是非竞争性，这意味着个体消费数字产品并不会减少其他人消费该产品的数量或质量，因为信息的分享并不会减少或损害初始信息。特别是在没有法律或技术限制排他性的情况下，任何人都能以零成本复制任何信息。

数字产品成本特征是研究与开发成本高、生产制造成本低，即高沉淀成本、低边际成本。

数字产品多是知识、科技密集型产品，开发过程符合高科技产品的高投资、高风险的经济学原理。如耗资上亿美元的好莱坞巨片只需几分钟就可以拷贝到硬盘上，并且成本极低（几乎为零），这也说明数字产品的固定成本很高，但变动成本却很低。而且数字产品的固定成本大多属于沉没成本，若停止生产，前期投入的人力、物力、财力等固定成本将无法收回，不像传统产品那样，停止生产后可以通过折旧等方式收回部分成本。比如投资兴建一幢办公楼，若中途决定放弃的话，可将其转卖出去收回部分成本；但如果正在拍的一部电影突然停下来，可能根本卖不出去电影脚本，自然不可能收回本钱。数字产品的可变成本，也有不同于传统产品的独特性。比如，如果市场上对 Intel 的 CPU 需求增加，而且超出了 Intel 的生产能力，这时，为了满足更大的需求和获取更多的利润，Intel 就需要组织各种资源建立新的工厂，即当传统商品制造商达到其现有的生产能力时，生产的边际成本将增加；与此相反，数字产品的生产没有容量限制，即无论生产多少个副本，其成本也不会增加。以数字内容产业为例，中国的数字内容产业起步较晚，但经过几年的高速发展已经初具规模，初步形成了以移动内容服务为主，动漫、网络游戏、数字视听、在线学习和数字出版等快速发展的产业格局。目前，中国国民经济分类中还没有单独划分出数字内容产业，其相关内容分散在电信和其他信息传输服务业、新闻出版业、广播、电视、电影和音像业，文化艺术业等相关行业中。数字内容产品可以很容易地进行复制和传播，这就使得更多的用户可以通过比较低廉的成本获取产品，规模经济非常明显。

3. 数据要素的知识密集型特征有利于刺激创新

数据要素可被看作是一种知识密集型的产品，它可作为投入以创新的形式增加产出。创新涉及的是新的活动，但对信息的应用具有很强的不确定性。创新最初都发生于个人的大脑之中，依赖的是对信息的综合和解释，使其符合现有的认知世界。所有解决问题的活动都是用认知模式来评估什么信息是有价值的，都以有用的方式来组织信息。理解和整理新信息的过程要求我们将新信息转化成与个人有关的东西。作为一个既是认知性也是社会性的过程，创新需要知识、信息以及认知模式之间进行复杂的互动，在一个设想发展成为一种创新的过程中不断探讨、澄清和重新构思。

数据要素在产生的同时，一方面满足了消费者的消费需求，另一方面也催生了更多产品和服务的出现。位于生产端的数据从主要用于记录和查看，逐渐成为流程优化、工艺优化的重要依据，进而在产品设计、服务交付等各个方面发挥着越发重要的作用。对智能产品和服务而言，从供应链到智能制造再到最终交付用户，所有环节都可以基于数据分析的结果实现价值链整合和系统优化的目的。从企业的角度来看，以数据流引领技术流、物流、资金流和人才流，将深刻影响社会分工协作的组织模式，促进生产组织方式的集约和创新。大数据的发展推动社会生产要素的网络化共享、集约化整合、协作化开发和高效化利用，改变了传统的生产方式和经济运行机制。大数据持续激发商业模式创新，不断催生新业态，已成为互联网等新兴领域促进业务创新增值、提升企业核心价值的重要驱动力。

二、数字经济的需求侧特征

数字经济的一个重要特征就是网络化——经济以网络的形式组织起来。不管是有形的还是虚拟的网络，都具有一个基本的经济特征：连接到一个网络上的价值取决于已经连接到该网络的其他人的数量，即只要是网络，就要受到所谓"网络外部性"（也称为"网络效应"）现象的支配。值得注意的是，网络外部性并不是数字经济所独有的特征。有形的网络（如相互兼容的通信网络）或虚拟的网络（如一种产品的销售网络）都或多或少存在网络外部性。对网络外部性的讨论早在 20 世纪 70 年代就已经开始了。但是在互联网广泛普及以后，尤其是 5G 时代来临之后，经济网络内的信息流动达到了前所未有的速度，生产、交换、分配和消费都与智能化的数字网络息息相关，这就使得网络外部性表现得越发强烈。

（一）经济学关于外部性的解释

经济学中，外部性概念通常指当生产或消费对其他人产生附带的成本或效益时，外部经济效应就发生了；就是说，成本或效益被加于其他人身上，然而施加这种影响的人却没有为此付出代价。更确切地说，外部经济效果是一个理性人的行为对另一个人所产生的效果，而这种效果并没有从货币或市场交易中反映出来。从外部性的产生领域来看，外部性可以分为生产的外部性（由生产活动所带来的外部性）和消费的外部性（由消费行为所带来的外部性）；从外部性的效果来看，外部性包括负外部性和正外部性。

主流经济学认为，外部性是"市场失灵"的主要表现之一。一个有效的市场制度要发挥其经济效率，一切影响都必须通过市场价格的变动来传递。一些人的行为影响他人的福利，只要这种影响是通过价格传递的，即这种影响反映在市场价格里，就不会对经济效率产生不良的作用。然而，如果一个人的行为影响了他人的福利而相应的成本收益没有反映到市场价格中，就出现了外部性。外部性可以是正的，也可以是负的。例如，我的邻居盖了新房子，面对我家的一面墙如果粉刷得很漂亮，我也可以因此而赏心悦目，即我从邻居的房屋粉刷中得到了好处，却并不需要为此而付费，这就是正的外部性；如果邻居不能对我得到的这种好处收费，他就不会有动力把靠近我家的那面墙粉刷得漂亮，因为我可以搭便车，这里的搭便车问题和正的外部性是同一硬币的两面。相反，如果一个人的行为伤害了另一个人，而他也并不因此而付出代价，就产生了负的外部性。例如，甲经营的工厂向一条河流排放废物，而乙却是以在这条河中捕鱼为生，甲的活动直接影响了乙的生计，却并没有通过价格的变动得以反映，即甲的行为产生了负的外部性。外部性最重要的应用之一就是关于环境治理的讨论，其中最为经典的就是污染问题，即负的外部性。

总结上面的分析，如果所有的行为都能反映在价格里，就意味着私人的成本收益与社会的成本收益是一致的，市场制度会自动地使资源配置达到帕累托最优。外部性的存在意味着生产者面临的边际成本并不反映增加生产的所有社会成本，或者个人的消费边际收益并不等于社会收益。如果获得的收益并不完全归于直接生产者，或者如果私人生产成本没有反映总的社会成本，那么竞争性市场的选择可能不是社会的效率选择。虽然私人按照边际收益等于边际成本的原则来决策，但外部性的存在使这种决策对整个社会经济效率不利。

那么，外部性是如何对资源配置产生错误的影响呢？外部性出现在一个行动如果给其他人带来附带的收益或损害，而并没有人因此对产生外部性的人进行相应的支付或赔偿，由此产生价格系统对资源的错误配置。外部性产生效率问题是因为外部成本或收益通常不将引起外部效应的消费者或生产者考虑进去。如果某种活动产生了负的外部性，那么生产者和消费者就会低估该活动的社会成本，并且按照社会观点来看过多地选择那种活动；如果消费和生产给那些没有考虑进去的人产生收益，消费者或者生产者因此低估了社会收益，那么，那种经济活动的选择就会太少。

（二）网络外部性

1.网络外部性的定义和分类

（1）网络外部性的定义

随着信息化时代的到来，数字产品所表现的网络外部性更多地表现为消费的正外部性。消费者在选择购买或消费某种数字产品时，不仅考虑该产品本身的效应（比如功能强大、操作便捷、价格低廉等），更考虑到未来可能实现共享信息的用户数量和适用范围。数字产品的这个特性集中表现为用户购买行为的"从众效应"或"追赶潮流"，消费者会倾向于购买那些已经被广泛采用的标准化或普及化的产品。例如高德地图的使用者越多，每个使用者的轨迹和坐标被记录的数据也就越多，基于这些位置大数据所开发出来的数字产品的价值含量就越高、功能也就越强大，就会吸引更多的消费者来使用其数字产品。这就是所谓的网络外部性，是数字产品表现的重要微观经济特性之一。

值得注意的是，数字产品网络外部性的出现对于产品价值的认识提出了新的挑战，产生了重要影响。数字产品的价值已不再集聚于产品本身所具有的属性，而是外延至整个产品网络。如果不存在网络外部性，消费者对产品或服务的效用评价函数仅由产品或服务本身的属性作为变量来决定。

（2）网络外部性的分类

网络外部性分为直接网络外部性和间接网络外部性。直接网络外部性是指由于消费相同产品的市场主体的数量增加后通过正反馈效应放大了数字产品的使用价值。即由于消费者对数字产品的需求存在相互依赖的特征，消费者获得产品的效用随着购买相同产品的其他消费者数量的增加而增加。直接网络外部性的基础是梅特卡夫法则。而间接网络外部性则是指市场中介效应，即通过对互补产品种类、数量、价格的影响，而对原有产品用户产生的外部性，其本质是一种范围经济。间接网络外部性产生的主要原因是产品自身的互补性，基础产品的消费者越多，则对互补性的辅助产品需求就越大。例如，即时通信工具微信的消费者之所以选择微信而不是其他的通信工具，除了微信本身的功能强大之外，一个主要的原因是自己的亲朋好友也都选择了微信作为通信工具，这样大家交流起来就很便利，这就是梅特卡夫法则所促发的直接网络外部性；而微信的使用者中有相当的一部分人会使用微信支付、微信理财或微信借贷等其他辅助产品，微信的使用者越多，其辅助产品的使用者相对也会越多，这就是所谓的间接网络外部性。

2. 梅特卡夫法则

梅特卡夫法则（也称"梅特卡夫定律"）是一种网络技术发展规律，是由3Com公司的创始人、计算机网络先驱罗伯特·梅特卡夫提出的。

梅特卡夫法则，是指网络的价值会随着网络里节点数目的乘方而增加，其核心思想可以说是"物以多为贵"。具体来说，如果一个网络对网络中每个人的价值是1元，那么规模为10倍的网络的总价值约等于100元；规模为100的网络的总价值就约等于10 000元。网络规模增长10倍，其价值就增长100倍。

梅特卡夫定律不仅适用于电话、传真等传统的通信网络，也同样适用于具有双向传输特点的像互联网这样的虚拟网络世界。网络的用户越多，信息资源就可以在更大范围的用户之间进行交流和共享，这不仅可以增加信息本身的价值，而且提高了所有网络用户的效用。另外，由于网络经济条件下，信息技术和信息系统的不完全兼容性及由此带来的操作、使用知识的重新培训等造成的转移成本，用户往往被锁定在一个既定的用户网络内，从而保证了这一网络的一定规模。网络内的用户则由于信息产品的相互兼容性，彼此的文件交换和信息共享就成为可能。而网络用户数量的增加就使得用户之间信息的传递和共享更为便捷，网络的总效用增加且同样以用户平方数量的速度增长，这恰恰符合梅特卡夫定律。总而言之，梅特卡夫法则概括的就是连接到一个网络的价值，取决于已经连接到该网络的其他人的数量这一基本的价值定理，这即经济学中所称的"网络效应"或"网络外部性"。

梅特卡夫法则决定了新科技推广的速度，这是一条关于网上资源的定律。使用网络的人越多，数字产品的价值就越大，也越能吸引更多的人来使用，最终提高数字产品的总价值。当一个数字产品已经建立起必要的用户规模，它的价值就会呈爆发性增长。一个新产品多快才能达到必要的用户规模，这取决于用户进入网络的代价，代价越低，达到必要用户规模的速度也越快。有趣的是，一旦形成必要的用户规模，新产品的开发者在理论上可以提高对用户的价格，因为这个新产品的应用价值比以前增加了，进而衍生为某项商业产品的价值随使用人数而增加的定律。从总体上看，消费方面存在效用递增——即需求创造了新的需求。

信息资源的奇特性不仅在于它是可以被无损耗地消费的（如一部古书从古到今都在"被消费"，但不可能"被消费掉"），而且信息的消费过程可能同时就是信息的生产过程。数字经济时代，网络消费者在消费数据要素的同时，可以催生出更多的知识和感受，同时其行为活动也被记录下来成为大数据的一部分。互联网的威力不仅在于它能使信息的消费者数量增加到最大限度（全人类），更在于它是一种传播与反馈同时进行的交互性媒介（这是它与报纸、收音机和电视不一样的地方），即网络具有极强的外部性和正反馈性。所以梅特卡夫断定，随着上网人数的增长，网上资源将呈几何级数增长。

（三）具有网络外部性商品的需求曲线

当存在网络外部性时，每个消费者从商品或服务中获得的效用会随着用户规模的扩大而增加。从这个意义上来说，当产品或服务的价格给定时，用户规模会对消费者的需求产生重大影响。或者更准确地说，对于用户规模的消费者预期会直接影响最终需求。

在一个网络外部性很强的市场中，用户数量是一个企业非常重要的资产，很多企业的竞争战略都会围绕扩大用户基数这一核心目标来展开。关键数量的存在意味着用户数量较少时在市场竞争中是非常危险的，而一旦用户规模超过了关键数量，商品需求很有可能会迎来一个高速增长期。

三、数字经济下供求互动重塑竞争优势

在全球信息化快速发展的大背景下，大数据已成为国家重要的基础性战略资源，数字技术成为国家之间竞争的新领域，数字经济的迅猛发展正在重塑国际竞争的新格局。

（一）数字经济下供给与需求的互动机制

1. 数字经济时代生产与消费的同一性

"消费与生产之间的同一性"命题，是马克思在他为《资本论》创作而准备的《〈政治经济学批判〉导言》中第一次提出来的。在《〈政治经济学批判〉导言》的开篇，马克思首先讨论了"生产、消费、分配、交换"，把消费摆在了生产的后面。他写道，"生产表现为起点，消费表现为终点，分配和交换表

现为中间环节"，"消费这个不仅被看成终点而且被看成最后目的的结束行为，除了它又会反过来作用于起点并重新引起整个过程之外，本来不属于经济学的范围"。这清楚地表明了三个要点：①消费是生产的最终目的；②消费是社会生产的终点和社会再生产的起点；③作为社会生产和再生产环节的消费，是经济学所必须予以讨论的。虽然上述观点是在工业时代提出来的，但"生产与消费同一性"的观点在数字经济中仍然具有极强的生命力，具体包括以下几点：

（1）数字消费是数字生产中创新的动力来源

"消费与生产的同一性"说明，消费为生产创造了内在的对象、目的的需要。经济现实中，有的产业、产品因为消费萎缩而萎缩，或因消费的推动而出现、成长和兴盛。一个国家、一个地区的产业结构和产品结构会随着社会消费趋势的变化而变化，消费引领产业创新。

个人消费者希望能够更加快速、精准地找到自己需要的商品，大数据精准营销便产生了；企业需要能够更加快速地筛选出能干、忠诚、合适的员工，大数据人力资源管理便应运而生；老百姓出行希望能够提早了解前方的各种路况并提前做好路线计划，智慧交通系统出现了并不断完善；当数据量越来越大而超过了一般企业的储存和处理能力的时候，云计算便诞生了。不仅如此，在数字经济时代，新产品的创新周期和生命周期都大大加快，各种类型的创新层出不穷，但无论哪一种，都是为了更加有效地解决某种消费需求的问题。

（2）数字消费和数字生产相互渗透

数字经济时代，数字消费和数字生产呈现"你中有我，我中有你"的关系。

一方面，数字生产要从市场的数字消费需求出发。大数据时代中数字的生产大体分为两个阶段：大数据的生产阶段和数据要素的生产、应用阶段。在第一阶段，大量社会主体的行为信息被记录下来，这些大数据本身并没有什么价值；在第二阶段，数据要素的生产主体会根据社会需求对大数据进行搜集、筛选、处理和加工形成数据要素，再加以应用或创新之后形成数字产品。这些数字产品的生产是以消费为目的，并通过消费才得以实现价值。

另一方面，消费者在消费的过程中也在生产着大量的数据。目前的信息技术条件下，无数的终端正在时时刻刻生成着大量的数据，包括移动互联网终端、物联网终端以及传统的 PC 端等，这些终端背后对应着某一个自然人或者机构、物体，它们的行为随时随地被记录并形成数据。这对应着数字经济生产的第一个阶段，也为数字经济生产的第二个阶段以及最终数字产品的形成提供了最基本的数据来源。

（3）消费和生产的良性互动推动数字经济快速扩张

马克思的研究表明，生产与消费之间存在矛盾。市场经济条件下，生产与消费矛盾的主要方面在于生产。在传统经济时期，企业不断扩大规模生产更多标准化产品的做法无法满足消费者日益增长的对个性化、差异化产品的需求。进入数字经济时代，借助高速运转的网络和数据处理系统，定制化生产逐渐成为主流，这一方面满足了消费者对个性化、差异化产品的需求，另一方面也能够使企业实现规模化运营，获得更高的利润。不仅如此，结合梅特卡夫法则可知，随着用户规模的增长，企业生产的数字产品价值将以指数式增长，而产品数量和种类的增多又会反过来刺激消费需求，这种螺旋式的上升必将推动数字经济呈现出快速扩张的态势。

数字经济的特征之一就是平台化，生产者和消费者在互联网平台上进行价值互动。基于双边市场理论，平台中的消费者和生产者均能从对方数量和质量的增加中获益。这一效应被称为"交叉网络效应"。首先，平台化企业通过提供平台将消费者和其他生产者引入平台，实现用户价值的自我增值，平台提供者收取服务费；其次，平台具有部分市场特性，在平台内的生产者和消费者之间的协商成本并不需要由平台企业承担，降低了平台企业的管理成本和销售成本；最后，平台化企业在提供平台的同时，获取了大量关于生产者和消费者的数据，这些数据通过数字技术的挖掘处理，能够优化企业自身产品设计，最终提供更有竞争力的产品。

2. 网络正反馈与马太效应

马太效应可归纳为：任何个体、群体或地区，一旦在某个方面（如金钱、名誉、地位等）获得成功和进步，就会产生一种积累优势，就会有更多的机会取得更大的成功和进步。在网络经济中，共享程度越高，拥有的用户群体越大，其价值就越能得到最大限度的体现。网络的正外部性会产生正反馈，而正反馈使强者更强、弱者更弱，在最极端的情形下，正反馈可以导致赢家通吃的垄断市场，这就是所谓的"马太效应"。

信息化活动中优劣势强烈反差的马太效应，即正反馈效应，是指在信息活动中由于人们的心理反应和行为惯性，在一定条件下，优势或劣势一旦出现，就会不断加剧而自行强化，出现滚动的累积效果。因此，某个时间内往往会出现强者恒强、弱者恒弱的局面，甚至发生强者统赢、胜者统吃的现象。这种效应的产生是源于梅特卡夫定律，当其发展到极端情况下就会出现马太效应。马太效应的结果通常会导致数字产品的生产者市场出现寡头垄断或完全垄断的市场结构。

尽管网络外部性是网络经济中正反馈的主要原因，但网络外部性和正反馈是两个概念。首先，正反馈并不是一个网络经济下出现的新事物。事实上，在传统经济下，供给方规模经济所实现的收益递增也是正反馈的一种表现形式，但是由于基于供给方规模经济的正反馈具有自然限制（边际收益递减和管理大，组织的困难），使得基于制造业的传统规模经济通常在远远低于控制市场的水平就耗尽了，超过这一点正反馈就不再存在而是负反馈开始起主导作用，这种经济现实使得正反馈一直没有引起人们的关注。但是当人类社会发展到信息经济和网络经济时代，网络外部性广泛存在，基于市场需求方的规模经济在市场足够大的时候不会产生分散，再加上基于供给方的规模经济，导致在网络经济中，正反馈以一种更新的、更强烈的形式出现。其次，从网络外部性到正反馈，还需要其他的一些条件，如基于供给方的规模经济同样对网络正反馈的形成也起着重要的作用。

首先，需要成本优势。由于实现正反馈的前提条件是边际收益递增，这不仅需要网络外部性带来的需求方规模经济，还需要边际成本的降低，否则需求方规模经济带来的收益递增将可能被成本因素所抵消，导致规模经济不显著或不存在，从而无法实现正反馈过程。而数字产品正好具有特殊的成本结构：高固定成本，低边际成本。如微软公司的Windows 95，设计十分复杂，而且需要巨额研究与开发的成本，第一张盘片花费了2.5亿美元，但是第二张、第三张的成本仅仅需要几美分。而且在这一产品的生命周期中生产得越多，单位产品的成本也就越低。这意味着在这样的成本优势下，需求方规模经济不容易出现自然限制的问题，而可以实现正反馈过程。这正是网络经济中正反馈现象广泛存在的重要原因之一。

其次，网络外部性要引发正反馈过程，必须达到一定的规模，就是我们通常所说的临界容量。网络外部性告诉我们，大网络的价值大于小网络的价值，但是，只有当网络达到某一个特定的规模，正反馈才开始发挥作用，从而实现强者恒强、弱者恒弱，否则依然无法实现正反馈。与网络规模相关的一个问题是市场对产品需求的多样性。即使在一个网络外部性很强，需求方规模经济程度很高的市场中，如果市场消费者对产品的需求是多样化的，这意味着一种产品可能难以达到引发正反馈的网络规模；相反，如果市场中产品的多样化程度较低，网络外部性引发正反馈的可能性就大些。

3. 路径依赖与转移成本

（1）路径依赖

路径依赖是从其他学科"溢出"到经济学中的一个概念。在经济学中，经济学家们用路径依赖来表示即使在一个以资源抉择和个人利益最大化行为为特征的世界中，经济发展过程中的一个次要的或暂时的优势或是一个看似不相干的事件都可能对最终的市场资源配置产生重要而不可逆转的影响。路径依赖隐含两个重要特征：其一，历史的重要性。在经济学和其他的社会科学中，科学家们一直都承认历史是十分重要的。但是，对历史重要性的承认本身并不是路径依赖，而仅仅是路径依赖的前提条件之一。路径依赖所强调的一个观点是：我们目前的经济环境可能在很重要的程度上有赖于历史上的一些突然转折和偶发事件，即对这些事件的依赖性很可能是以一种非常任意的形式进行的。我们从历史所继承下来的现在或我们将建设的将来都可能不是来自那些重要的已知事物或是经济历史的不可避免的推动力量，而是可能来自那些如果我们意识到他们将会产生怎样的影响，我们就可能轻易改变的小事物。也就是说，当历史上的一些令人意想不到的事件以一种令人意想不到的方式影响、决定并控制了历史的发展时，就产生了路径依赖。其二，不可逆转的选择。很显然，如果路径的选择是可以很轻易地发生改变，那么就不称其为"路径依赖"了。因此，在经济学关于路径依赖的讨论中，都或明示或暗示地与选择的不可逆转相互联系。实际上，这里的不可逆转就是我们所讨论的"锁定"。因此，路径依赖概念的一个关键判定就是具有"被历史事件锁定"的特征，尤其当这些历史事件并不重要时路径依赖的特点就更为显著。

（2）转移成本

锁定是指基于各种原因，导致从一个系统（可能是一种技术、产品或是标准）转换到另一个系统的转移成本高到转移不经济，从而使得经济系统达到某个状态之后就很难退出，系统逐渐适应和强化这种状态，从而形成一种"选择优势"把系统锁定在这个均衡状态。要使系统从这个状态退出，转移到新的均衡状态，就要看系统的转移成本是否能够小于转移收益。

转移成本显然是和锁定相联系的一个概念。转移成本实际上是对路径依赖程度和锁定程度的衡量。当产品和技术的标准化还不健全的时候（或者说系统之间不兼容），消费者和厂商如果自愿从一个网络转移到另一个网络，他们将不得不面临诸多障碍，正是转移成本造成了这种障碍，它阻止了市场主体进入另一个网络。转移成本具体来说可分为两类，即私人和社会转移成本。私人转移成本，包括在最初采用的技术中所含的沉没投资、转向用新网络所需要的支出。社会转移成本则需要把市场主体当前正在享有的网络效应与预期从转移中可以获得的潜在的网络效应进行对比。转移成本把不对称的价格强加于具有沉没投资的用户和在现有技术中没有沉没投资的用户之间。当转移成本高于收益时，转移是不经济的，这时就将出现对现有系统的锁定和路径依赖。

在网络经济中，锁定和转移成本是"规律，而不是例外"。有关锁定的例子随处可见，比如，当一个 DOS 用户考虑转而使用另外一种操作系统时，则该用户必须考虑以下问题：应用于新操作系统中的软件的多样性及有效性，转化文件、工作表格和数据库格式将产生多大的影响等诸如此类的问题。所以一旦用户选中用某种技术或格式存储信息，转移成本将会非常高。我们中的大部分人都体验过从一种电脑软件转移到另一种电脑软件的代价：数据文件很可能不能完好地转换，出现与其他工具的不兼容。与之相类似，一家选择了思科系统公司技术和结构以满足其内部联网需要的大企业将会发现，更换一个不兼容系统的成本高得惊人，因而在相当程度上被锁定在思科的私人产品中。从原则上讲，锁定的情况对供应商是有利的，如果供应商成功地用自己的系统结构抓住了用户，他们将在未来的购买中赢得垄断地位。尽管如此，当供应者滥用垄断地位，长期地"锁定"用户时，会引起用户的极大不满，有时甚至使用户不顾成本转向其他系统。

网络外部性及转移成本的存在，使用户容易被锁定在某种产品的路径依赖中，这种产品也因此可以独享某种垄断地位，更为重要的一点是，路径依赖告诉我们该种产品也许仅仅是因为偶然的原因才如此幸运地进入了这种正反馈循环，而并不是靠其质量取胜。而一旦进入了垄断的正反馈机制，其他的产品即使质量再好、价格再合理，也难以与之抗衡。一直到被具有高期望值的新技术的威胁时垄断才会被打破，这时重新开始新一轮的市场竞争。网络经济的这种"市场失灵"效应是由该网络产品本身的技术特性所决定的。

（二）全球主要国家数字经济竞争格局演化

当前，信息网络技术加速创新，以数字化的知识化和信息为关键生产要素的数字经济蓬勃发展，新技术、新业态、新模式层出不穷，成为"后国际金融危机"时代全球经济复苏的新引擎。近年来，各主要经济体纷纷将发展数字经济作为推动实体经济提质增效、重塑核心竞争力的重要举措，并进一步推动数字经济取得的创新成果融合于实体经济各个领域，围绕以新一轮科技和产业制高点展开积极竞争与合作，主要集中在与新一代信息技术高度融合的现代制造业。

基于各国既有的产业结构、技术基础和要素禀赋，在供给和需求的交互作用之下各国的数字经济呈现出不同的竞争态势。各国政府在数字基础设施和数字治理能力方面的差异，以及在数字经济领域中国际竞争与合作程度的加深，都深刻地影响着全球数字经济的竞争格局。本书引用上海社会科学院信息研究所的指标体系，从数字产业、数字创新、数字设施和数字治理四个方面对全球数字经济的国家竞争力进行评价和分析。

（三）全球主要数字企业的竞争力评价

数字经济已经成为全球经济转型发展的重要驱动力。在数字技术不断进步的驱使和各国政府的大力支持下，世界上众多数字经济企业的发展也日新月异，涌现出无论是规模、效率，还是创新性、成长性都非常突出的企业。

1. 数字企业竞争力评价的指标体系

所谓数字经济企业，简称数字企业，是指处于数字技术高度融合的行业，是能够把数字技术与企业生产经营融合在一起、创造竞争力的企业，它们构成当代数字经济发展的基础或主战场，能够反映出全球或一国的数字经济发展水平。数字企业遍布国民经济的多个行业，其所在行业的确定主要以全球上市公司数据库的全球行业分类标准为主，并结合了《福布斯》和《财富》两个500强榜单，最后归纳为以下几个行业：软件与服务、技术硬件与设备、半导体产品与设备、消费电子产品、互联网与直销零售、电信业务、公用事业（电力等）、电气设备和机械制造。这些行业集中了大部分的数字企业，很典型地反映了数字技术的进步和产业升级。

2. 全球数字企业竞争力排名

数字企业的成长关系到一个国家数字经济的发展。近几年，在世界数字技术的推动下，各个国家、各个领域都涌现出很多超大超强的数字企业，给人们的生活和工作带来极大的改变。

中国数字企业的蓬勃发展，预示着中国数字经济的发展进入一个快速期。各个企业努力经营各种经济模式得到不断创新，吸引了数亿的用户，市场规模迅速扩大。未来随着更多数字企业的崛起和竞争力的不断提高，中国数字经济发展值得期待。

第二章　数字经济基础设施与智能化
数字经济的构建

第一节　数字经济基础设施

在工业经济时代，经济活动架构在以"铁公机"（铁路、公路和机场）为代表的物理基础设施之上。数字经济时代到来后，通信网络、互联网、云等信息基础设施成为数字经济基础设施的核心组成部分。

随着数字经济的不断发展，数字经济基础设施的概念更广泛，既包括了传统意义上的信息基础设施，也包括了对物理基础设施的数字化改造。数字经济基础设施一般分为两种：专用型和混合型。专用型数字经济基础设施是指本质就是数字化的基础设施，如光纤宽带、无线通信网络、云资源池等。根据属性的不同，专用型数字经济基础设施又可以分为网络基础设施和平台基础设施两部分。混合型数字基础设施是指增加了数字化元素的传统实体基础设施。例如，安装了传感器的自来水总管、数字化交通系统等。这两类基础设施共同构成数字经济发展的基础，为数字经济的发展提供了保证。

数字经济基础设施在推进数字经济发展，实现网络强国战略中起到了十分重要的支撑和推动作用。数字经济基础设施主要实现了数据的存储、分析、传输和交互，以及通过数字化手段对传统基础设施的管理、调度和控制等。随着移动互联网、大数据、云计算等技术和产业的发展及"中国制造2025""互联网+"、智慧城市建设等为代表的传统产业和传统领域的数字化，每时每刻都在产生大量的、各种形式的数据。这些数据只有通过基础设施进行传输、计算、存储，才能用于数字产品的生产和消费，从而成为新的增长点。

与传统基础设施相比，数字经济基础设施具备演进性、泛在性、动态性和自主性四大特征。演进性是指随着技术进步，数字经济基础设施可以根据需求的变化进行不断升级。以移动通信网络为例，2G 到 3G 的演进满足了互联网由固定到移动的扩展，3G 到 4G 的演进满足了移动场景下高清视频、直播和 VR 游戏等各种新需求，4G 到 5G 的演进又将满足无人驾驶等更加实时、智能的需求。数字经济基础设施的升级速度较传统基础设施速度更快、兼容性更好。

泛在性指的是数字经济基础设施更容易大范围普及，满足更多的应用需求。以宽带为例，我国在 2020 年农村实现村村通宽带，将成为推进速度最快、覆盖最广的基础设施。另外，数字经济基础设施使得用户能够低成本、低门槛地使用丰富的信息化应用。当前第一、二、三产业几乎所有的行业都用到了以移动网络、光宽网络、云计算等为代表的数字经济基础设施，而且依赖程度逐渐加大。数字经济基础设施已经和传统基础设施一样不可或缺。

动态性指的是数字经济基础设施的服务提供过程更加灵活，能够实时调整自身的各种属性来适应具体的业务和应用。如用户在使用云计算服务时可以根据业务需要定制存储和计算能力，并且云平台能够根据业务并发量自动采取合适的资源调度策略，保证每个用户的使用需求。

自主性指的是数字经济基础设施高度自动化，人为干预的成分非常小，无论是连接、存储还是分析都由系统自动完成，出现错误时可以自动矫正或重启，恢复到错误之前的状态，也会根据预设自动调整性能和容量满足不同需求。

一、网络基础设施加速向高速率、万物互联、智能化升级

网络基础设施是数字经济基础设施的核心，是"基础的基础"，主要由通信网络、互联网和物联网组成。过去 10 年，网络基础设施发生了翻天覆地的变化，在速度、覆盖、时延等方面提升明显。但是传统网络因其设计复杂、开放性不足、调整效率低等，已经无法适应下一代应用与业务对基础网络设施提出的更简单、更开放、更灵活、更广泛的要求。

更简单：需要能够方便地将网络功能元素与其他功能要素进行组合，从而产生多种新的不同功能、不同性能的系列产品，并最终形成更为优秀的产品形态，这就需要基础网络功能简单易用、界面友好。

更开放：互联网公司业务设计方式已经从"以用户为中心"开始向"用户参与式"转变，通过用户深度地参与业务设计，更快、更准确地把控和满足用

户需求。因此，互联网企业希望网络更加开放，更简单地实现调用和配置，也能更方便地通过产业链上下游的合作来完成拼图，构建整个系统。

更灵活：互联网业务快速迭代，要求网络必须具备快速灵活的拓展架构，方便配合其业务变化的现实需求。

更广泛：产业互联网将带来工作方式和环境的全新变化。人们可以通过虚拟的、移动的方式开展工作，这就需要将无处不在的传感器、嵌入式终端系统、智能控制系统、通信设施通过 CPS 形成一个纵横交错的智能网络，使人与人、人与机器、机器与机器及服务与服务之间能够实现横向、纵向和端对端的高度互联与集成，让物理设备具有计算、通信、精确控制、远程协调和自治五大功能，从而实现虚拟网络世界与现实物理世界的深度融合。

在 5G、虚拟化、万物互联和 IPv6 等新技术的驱动下，传统网络基础设施加快向新一代网络基础设施演进，以互联网化应用为核心，更强调以人为本和以应用为本，满足"资源＋通信＋信息应用"的综合服务需求。

5G 网络定义全新应用场景。移动互联网的高速发展使得社会对移动网络的需求超过固定网络，移动网络接入设备和数据流量均已超过固定网络。4G 网络已基本满足高速泛在应用需求，却无法满足高清语音视频、无人驾驶、人工智能、虚拟现实等新技术的应用场景中高可靠和低时延的需求。

与 4G 网络相比，5G 网络不仅传输速率更高，而且在传输中呈现出连续广域覆盖、热点高容量、低功耗大连接和低时延高可靠的特点，将成为未来信息社会的重要基础设施和关键使能者。①5G 具备比 4G 更高的性能，支持 $0.1 \sim 1GB/s$ 的用户体验速率，每平方千米 100 万的连接数密度，毫秒级的端到端时延，每平方千米数十 TB/s 的流量密度，每小时 500km 以上的移动性和数十 GB/s 的峰值速率。特别的，相比 4G、5G 频谱效率提升 $5 \sim 15$ 倍，能效和成本效率提升百倍以上。②网络切片技术，即在一个硬件基础设施中切分出多个虚拟的端到端网络，每个网络切片在设备、接入网、传输网及核心网方面实现逻辑隔离，适配各种类型服务并满足用户在优先级、计费、策略控制、安全、移动性等功能方面的不同需求，以及在时延、可靠性、速率等性能方面差异化的需求。

5G 的技术创新可在传统行业领域拓展出全新应用：①超可靠低时延场景，

如在线游戏和车联网；②低功耗大链接场景，如智慧城市、工业制造；③增强移动宽带业务场景，如 VR/AR 视频、演出和赛事等人群聚集地区的网络使用保障。其中，5G 在生产领域的应用创新将会带来巨大的影响：首先，生产制造设备无线化使得工厂模块化生产和柔性制造成为可能；其次，无线网络可以使工厂和生产线的建设、改造施工更加便捷，并且通过无线化可减少大量的维护工作，降低成本；再次，在智能制造自动化控制系统中，低时延的应用尤为广泛，如对环境敏感的高精度生产制造环节、化学危险品生产环节等；最后，工厂中自动化控制系统和传感系统的工作范围可以是几百平方千米到几万平方千米，甚至可能是分布式部署。根据生产场景的不同，制造工厂的生产区域内可能有数以万计传感器和执行器，需要通信网络的海量连接能力作为支撑。

未来 5G 不仅是一次技术升级，更为我们搭建一个广阔的技术平台，催生无数新应用、新产业。当前 5G 标准正在加速制定过程中，主要由 3GPP 主持修订。

世界各国都对 5G 寄予厚望并积极开展相关的标准制定与产业发展工作。

在经历了"2G 跟随、3G 突破、4G 同步"之后，5G 时代中国正奋力谋求获得"领跑者"地位，立志占据 5G 技术制高点，引领世界产业的发展。标准方面，首先，我国在 3GPP 5G 相关标准组中的话语权大幅提升；其次，我国引导了 3GPP 5G 标准路线与发展的节奏；最后，我国还牵头了包括 5G 无线接入技术需求，和 5G 系统架构总体设计在内的多个重要研究项目。

物联网主要有三个关键技术：连接、标志及数据的操作。物联网是设备通过无线技术的连接方式将数据传送到物联网系统，无线连接是系统中极为重要或最为薄弱的链路，因此，选择一种能够匹配设备及其周边环境的无线技术非常重要。目前，行业中共有 12 种无线技术可供物联网应用场景选择，其中以授权频段 NB-IoT 最为典型，被广泛应用于各大领域。

NB-IoT 技术具备强链接、高覆盖、低功耗、低成本的特点，相比非授权频段技术安全性高、干扰小，与现有蜂窝基站复用无须独立组网，是标准化程度高的优势，是未来支撑广域低功耗（LPWA）业务场景的主流技术。当前中国电信已建成世界范围内第一张，也是最大的一张 NB-IoT 商用网络，支撑智慧城市等行业的快速发展。

物联网平台是指同时具备设备管理、数据存储和业务使能的综合性平台，一般能够兼容多种物联网设备接入和通信协议，支持连接管理、设备认证、流量控制、数据汇聚、安全保障、业务使能等多种能力，并通过开放 API 供上层业务和应用调用。通过面向传统行业和政企客户的定制化物联网应用解决方案，支撑传统行业的数字化转型。未来同时具备设备管理和业务使能的综合性平台将逐渐显现出优势，成为产业主流。

虚拟化技术支持网络架构转型升级。移动网络与物联网都是接入网络，由光纤宽带构成的核心网承担了所有的数据传输重任。当前核心网络的总体架构由"传送承载"和"业务控制"两个大的功能层级和多个子层构成，是一个复杂封闭的体系，同时有 IT 支撑系统作为其辅助系统，保障网络的正常运行，这样设计的目的是保证业务独立运营。但同时也存在一些根本性的问题：①网络由大量单一功能的专用设备构成，结构复杂缺乏灵活性；②网元封闭，设备功能扩展性差；③形成"业务烟囱"，每个新业务都要开发新设备、新协议，不同业务彼此难以融合，无法快速灵活部署；④运营复杂，成本居高不下。因此，未来网络架构需要进行重新定义设计，以进一步巩固网络发展基础，提升公共服务水平。

未来网络整体架构将向智能化的方向发展。通过深化开源技术应用，引入 SDN/NFV/ 云等新技术，构建新型的简洁、敏捷、开放和集约的智能型网络：简洁指网络的层级、种类、类型、数量和接口减少，运营和维护的复杂性和成本降低；敏捷指网络提供软件编程能力，资源弹性可伸缩，便于网络和业务的快速部署和保障；开放指网络能够形成丰富、便捷的开放能力，主动适应互联网应用所需；集约指网络资源不在分散分域，而是能够统一规划、部署和端到端运营。

网络重构的重点是敏捷和开放两个方面。一方面，敏捷网络提供业务随选的能力。当前的网络特性是高速泛在的，无论何时何地都可以具备超高带宽的网络连接，然而用户的多元化需求却无法很好地得到满足，传统大型企业对价格不敏感，只要求有专网保证带宽和速率，云端接入体验好即可，动态调整的需求也有限。而越来越多的小微企业对价格十分敏感，而且业务发展速度快，希望配套信息服务能够及时跟进，另外还有金融医疗、园区楼宇商场等，都有特殊的需求。随选能力正是为应对此种情况而生，它包括带宽随选、路径随选、网络功能随选、"云＋网"一站式服务、用户自服务门户。适用的场景有点到点、点到数据中心、点到互联网。另一方面，开放网络提供资源自动配置能力。传统面向大众市场的业务已经趋于饱和，面向企业客户的市场是发展重点。企业客户更需要融合运营商能力与互联网能力的融合通信／云通信。通过能力开放平台，运营商将原本彼此独立的网络资产（如码号、语音、流量、短信、计费、定位、安全、QoS 保障等）以 API 的形式开放给业务合作伙伴，通过更灵活的解决方案和商业模式聚合应用开发者、OTT 业务提供商、行业 SI，共同打造云通信生态。

当前国内外先进运营商都在进行网络的智能化转型升级。

IPv6 助力互联网摆脱限制升级换代。随着"互联网＋"、物联网和工业互联网等网络应用融合发展，全球对 IP 地址的需求还将持续增长。中国 IP 地址需求超过 100 亿，IPv6 是用于替代现行版本互联网 IP 协议（IPv4）的下一代 IP 协议，可以为数以千亿台的设备提供网址，为万物互联奠定基础。我国是世界上较早开展 IPv6 试验和应用的国家，在技术研发、网络建设、应用创新方面取得了重要阶段性成果，已具备大规模部署的基础和条件。IPv6 的规模部署，对构建高速率、广普及、全覆盖、智能化的下一代互联网具有十分重要的意义：首先，IPv6 是互联网演进升级的必然趋势，基于互联网协议第四版（IPv4）的全球互联网面临网络地址消耗殆尽、服务质量难以保证等制约性问题，IPv6 能够提供充足的网络地址和广阔的创新空间，是全球公认的下一代互联网商业应用解决方案；其次，IPv6 是技术产业创新发展的重大契机，推进 IPv6 规模部署是互联网技术产业生态的一次全面升级，深刻影响着网络信息技术、产业、应用的创新和变革；最后，IPv6 是网络安全能力强化的迫切需要，加快 IPv6 规模应用为解决网络安全问题提供了新平台，为提高网络安全管理效率和创新网络安全机制提供了新思路。

二、平台基础设施逐渐成形并向云与边缘计算融合化及感知智能化方向发展

平台基础设施是在网络技术设施之上，聚合存储、计算、分析等多种通用

能力并以标准 API 或 SDK 形式对外开放，以供上层应用调用的软件系统的统称。平台基础设施的发展是动态的，一般而言，信息通信领域创新技术都是专门为支持某项业务而生，如果某项技术的通用性越来越强，被越来越多的业务所使用，此项技术就会逐渐脱离应用层，下沉成为平台基础设施的通用能力。早期的云计算和大数据、当前的人工智能和区块链、未来的边缘计算都属于这类通用型技术，它们共同构成信息基础设施的平台部分。平台基础设施的作用将逐渐超过网络基础设施，为数字资源的管理和上层应用提供坚实的基础。

平台基础设施具备集约性、受技术驱动演进速度快、自动化运营要求高、弹性／柔性四个特征：首先是集约性，平台基础设施多数汇聚了应用所需的各种通用能力，将以往需要多个步骤、多地解决的问题汇集在一起解决，极大地提升了效率。其次是受技术驱动演进速度快，相比于下层的网络技术设施，平台基础设施更软件化虚拟化，更贴近应用，可以根据应用的实际需求快速做出调整，如为满足中小企业入云需求，云平台由私有云向公有云过渡，又迅速演化出边缘计算满足海量物联网设备接入的需求。再次是平台基础设施的自动化运营要求高，平台基础设施诞生的目的就是要自动高效地处理业务流程，减少故障提高效率。例如，人工智能平台，就是将多种人工智能算法聚合在一起，自动处理数据得到分析结果。最后弹性／柔性指的是平台技术设施的部署、改变都是非常简单的。既可以集中部署也可以分布式部署，同时可以根据任务量灵活增减。例如，云计算平台，可以在一个大的资源池里灵活划拨应用所需资源，实时调整减少运营成本。

云网加速融合，公有云占比增大。云计算发展较早，技术成熟度和平台的普及程度较高。技术方面，未来将会有几点变化：首先，容器技术将助力云计算进一步发展；其次是更加高效的 Unikemerl 技术；再次，还有 X86 在基础计算架构领域一统天下的局面将改变；最后，是云计算与物联网技术的结合成为新的技术与业务发展方向。

平台方面，云计算平台技术成熟度高、功能相似、性能接近，同质化趋势明显。访问云的网络连接质量、使用便捷度已经成为影响云平台使用感知的关键，运营商、互联网公司及专业第三方等都已经高度关注云的接入质量和体验。因此，云网融合，即网络随云资源池需求而动态调整，计算、存储和网络资源统一分配调度成为行业发展的趋势。国内外领先云服务商如亚马逊、阿里都推出了云间高速网络，中国电信、日本 NTT 等有云有网的运营商也为云业务优化了专网设施。

产业方面，目前包括微软、谷歌、亚马逊等在内的国际厂商都有公有云服务，由于价格低廉，部署方便，并且具备很好的灵活性，很多企业都选择公有云作为 IT 基础设施。我国公有云市场虽起步较晚，但发展迅速，近几年增速都在 40% 以上。成熟的公有云产业为我国的产业智能化转型、中国制造 2025 和"互联网 +"提供了坚实的基础。

云计算的中心化能力在网络边缘存在诸多不足，物联网、智能制造的新需求驱动了边缘计算的兴起和发展。云计算的不足主要体现在以下几个方面：

1. 计算：线性增长的集中式云计算能力无法匹配爆炸式增长的海量边缘数据。

2. 传输：传输带宽负载急剧增加造成较长网络延迟，难以满足控制类数据、实时／准时流式数据传输需求。

3. 安全：云平台的安全与应用软件、平台、操作系统、多段网络、权限管理等多方面因素有关，边缘数据的安全隐私受到极大关注。

4. 能耗：边缘设备传输数据到云平台消耗较大电能，从云平台获取数据到设备现场也需要二次耗能。

新的需求驱动主要体现在以下两个方面：

1. 物联网：随着网络覆盖的扩大、带宽的增强、资费的下降，万物互联触发了新的生产模式和商业模式，催生新的数据生产和消费方式。

2. 智能制造：离散制造和流程制造亟待靠近现场、能提供可靠性强、实时性／准时性强的 ICT 系统，以实现 IT 与 OT 深度融合所需的局部数据闭环。

边缘计算是继云计算之后的一个理念创新，可以在边缘端解决以上问题。边缘计算特指在靠近物或数据源头的一侧，调用平台的计算、存储、应用核心能力，就近提供服务。边缘计算和云计算并不会相互排斥，而是相互融合创新，推动新的产业变革和创新。

边缘计算已经成为平台基础设施的新战场：主要用于工业互联网和智慧城市等新场景，具备CROSS价值，成为连接物理与数字世界的关键，具备以下优势：

①连接的海量与异构。

②业务的实时性。

③数据的优化。

④应用的智能性。

⑤安全与隐私保护。

智慧城市及工业互联网边缘计算网关将成为基础设施端与云平台端重要的中间环节，将融合多种多元化的异构协议解析和业务模型及学习算法等能力。

开放边缘计算，催生产业新生态：边缘计算将与硬件终端、网络连接、云平台及应用组成完备行业智能化生态体系。

人工智能走向商用，成为智能化升级的核心。人工智能可以理解为让机器具备类似人类一样观察、总结、推理问题的能力。在计算机系统中，"经验"通常以"数据"的形式存在，因此，机器学习是从"数据"中产生"模型"的过程。有了"模型"，之后再遇到新的问题，代入模型就可以得到结论。受益于强大计算能力和海量数据，深度学习成为人工智能最先走向应用的技术。深度学习以神经网络为架构，海量数据为原料训练算法，数据量越大深度学习的结果越好，从而提供更好的服务，获取更多的数据，这些数据反过来又可以用于训练，良性循环。根据发展方向不同，人工智能分为语音识别、图像识别、语言理解、机器人等应用技术。语音识别、图像识别是目前最成熟的两种，普遍准确率都超过90%。和文字相比，语音更加自然简单，同时输入效率更高，解决了汽车、手表等设备不方便文字交互的问题，因此，语音被认为是下一代人机交互的主要形式。图像识别的重要应用是人脸识别，通过提取人脸特征信息实现在金融、安防等多个领域的应用。

人工智能有望引领未来技术浪潮，但它的发展需要其他技术如云计算、大数据和物联网等共同助力推动。

一些知名互联网公司均将人工智能作为公司下一阶段发展重点，已经对外提供人工智能平台，即承载通用型的人工智能技术并向外提供服务。

当前我国从政府、研究机构到产业都对人工智能技术及应用非常关注，已经将其提升到关系国家发展战略的层面。《新一代人工智能发展规划》确立了我国新一代人工智能发展"三步走"战略目标，先是在2020年实现我国人工智能总体技术和应用与世界先进水平同步；在2025年实现人工智能基础理论重大突破，部分技术与应用达到世界领先水平；在2030年人工智能理论、技术与应用总体达到世界领先水平，成为世界主要人工智能创新中心。

区块链解决平台中心化，成为价值传输基础设施。区块链是一种分布式的数据存储系统，云计算平台的一种体现形式。互联网构建起了信息传输的高速公路，但仍然不能很好地解决价值传输的需求，中心化成为瓶颈。如果网络上大家的交易都通过一个中心化的平台，势必造成这个中心过于庞大，提高了交易成本，降低了交易效率。区块链技术最开始是为解决交易的中心化问题而产生的，它通过让集体共同维护一个分布式的账本，很好地解决了这个问题。区块链具备很多优势，如去中心化、分布式记录存储、信息安全透明、交易脚本可编程等，所支持应用越来越多，已超出互联网金融延伸到各个行业：在金融行业，高效低成本解决信用中介问题；在生产行业，保证数据安全，实现供应链同步；在文化娱乐行业，保护版权等数字资产；在商业领域，实现"智能合约"，合约条款由网络强制执行，无法否认或修改。当前区块链技术仍在探索期，未来将会得到大量应用，成为平台基础设施重要的组成部分。

三、推动数字经济基础设施转型升级的建议

1. 树立引领意识，重点领域超前部署。当前我国在移动通信网络5G、人工智能及区块链等领域都具备国际领先优势，应树立引领意识，将优势进一步扩大。通过技术创新驱动基础设施向更广、更深、更强发展。努力成为移动通信领域5G标准和技术的全球引领者之一。掌控智能网络、下一代互联网、物联网领域的关键技术。实现人工智能、云计算、大数据、边缘计算、区块链、软件定义网络（SDN）、网络功能虚拟化（NFV）、操作系统、智能传感器等关键技术突破。实现信息通信技术研发和应用在军民融合多领域、多方向深度发展，并且加速产业化落地，利用中国庞大市场优势作为技术验证的试验田，待成熟之后抢占国际市场。

2. 加大信息基础设施投入和建设力度。加快构建新一代信息基础设施，为我国经济社会转型、全面发展数字经济提供坚实保障。①支持高速宽带网络建设，以超高速、大容量光传输技术升级骨干传输网，以光纤到户为基础推动大中城市家庭用户接入升级，以 4G 网络深度覆盖为重点推动无线宽带网络深度延伸覆盖，加快 5G 研发进程。②按照市场需求灵活部署物联网、云计算中心、大数据平台等应用基础设施，加大城市公用设施、电网、水网、交通运输网等智能化改造力度，推动政务、行业信息系统向云平台迁移，深化物联网在电力、能源、交通、城市管理、工业制造、现代农业等重点领域的部署和应用。

3. 加快发展工业互联网，制造业是实体经济的主体，要把制造业数字化、网络化、智能化摆在突出位置，构建高速率、高可靠、低时延、灵活快速组织的网络互联体系，完善工业云和工业大数据等关键应用支撑平台。

4. 技术与产业结合，资本与市场驱动快速发展。培育形成一批具有国际影响力和产业引领能力的企业。鼓励基于互联网的大众创新、万众创业。实现技术研发、基础设施建设和部署、新业态培育的良性互动。积极推动信息通信技术与农业、工业制造、交通运输、生活服务等行业的深度融合。形成网络经济与实体经济良性协同的发展格局。鼓励信息通信产业走出国门，参与国际竞争，向国外输出好的产品和理念，与其他国家同行业共同分享宝贵经验，提高国际影响力和话语权。

5. 推进基础设施平台与数据的标准化。标准是互联互通、信息共享、业务协同的基础，统一的标准对促进信息通信产业发展及在传统行业中的推广应用具有极其重要的作用。一是推进平台的标准化，即提供标准的能力开放接口及调用规范；二是数据的标准化，即制定统一的数据存储与传输格式，实现不同平台之间的功能调用、数据共享，提高平台之间的联动性与功能划分，避免平台功能的重复性开发和数据多次处理的资源浪费。加快建立和完善 5G、工业互联网等前沿领域标准体系，积极抢占国际标准制定话语权；组织、协调行业监管部门、研究机构、制造企业、安全厂商等共同合作，研究制定相关的管理、技术、测评等标准规范，推动具有自主知识产权标准成为国际标准，增强产业发展主动权。

6. 建立健全数字经济基础设施的立法与安全保护。网络信息技术与各领域融合的广度、深度、速度都在逐步深化，网络空间的一些问题同时也融合到各个行业中去，成为数字经济发展面临的共性问题，如网络安全、数据管理、个人信息保护、知识产权保护、平台责任等。强化信息基础设施的安全与防护是发展信息技术设施的重中之重，要以维护国家安全为直接目标，增强风险意识和危机意识，统筹安全与发展、开放与自主的关系，突出动态化、综合化的防护理念，着力提升信息基础设施安全防护水平。首先要加快信息基础设施演进升级、加强核心技术自主创新、提高关键软硬件产品自主可控水平；其次是结合《网络安全法》建立健全信息基础设施安全标准体系和审查制度；再次是加强网络安全技术手段的研究和运用，攻防兼备，以技术手段支撑安全；最后是制订网络与信息安全人才培养规划，形成高等教育和社会培训相结合的人才培养机制，以人才队伍强化安全。

第二节　智能化数字经济的构建

数字经济有三个关键点：一是数据成为新的生产要素；二是数据活动是为了服务于人类经济社会发展而进行的信息生成、采集、编码、存储、传输、搜索、处理、使用等一切行为；三是数据活动具有社会属性、媒体属性和经济属性，数字经济具有数字化、网络化、智能化、开源化的特征。特别是区块链和人工智能技术的出现，使数字经济的这些特征更加明显。区块链、人工智能等技术的诞生，使数字经济的内涵更加丰富。

一、区块链与人工智能加速数字经济发展

数字经济时代，数据成为最重要的生产要素，有助于促进并加速包括人工智能、区块链等新一代信息技术与社会经济的各个领域的深度融合，为形成新产业、新业态和新模式提供了催化剂。人工智能、区块链等新一代信息技术的高速发展，极大地减少了数字经济活动中信息和价值流动的障碍，有助于提高社会经济运行效率和全要素生产率，提高供需匹配效率，实现社会资源最优化配置。

（一）区块链与人工智能的概念与起源

1. 区块链的概念与起源

区块链是一个分布在全球各地、能够协同运转的分布式核算、记录的数据存储系统，由于交易记录在此记账系统中分区块存储，每块只记录部分，同时每个区块都会记录前一区块的身份标志号码，按交易时间的先后形成一个链状结构，因而称为区块链，其本质上是一种去中心化的、分布式新型记账系统。区块链具有三大特点：一是去中心化。区块链技术不需要中心服务器，不存在中心化的硬件或第三方管理机构，连接到区块链网络中的所有节点权利和义务都是均等的，数据块由整个系统中具有维护功能的节点来共同维护。二是透明性。除了交易各方的私有信息被加密外，区块链上的所有数据对所有人公开，所有参与者的账本都公开透明、信息共享。三是安全性。区块链技术支持的交易网络中所有交易采用加密技术，使数据的验证不再依赖中心服务器，极大提高了全链条上发动网络攻击的成本和篡改信息的难度，维护了信息的安全性和准确性，降低了信用成本。另外，由于所有节点都拥有相同的全局账本，所以个别的原本被破坏或消失不会影响到整体。

近年来区块链技术处于高速发展期，在经历了比特币虚拟货币的1.0时代、只是提出概念以以太坊为代表的2.0时代后又进入支持复杂的商业应用的区块链3.0时代，区块链技术开始从金融领域不断向其他行业快速渗透与广泛运用，不仅推动着传统产业的转型升级，也成为推动全球经济转型与数字经济发展的不竭动力。

2. 人工智能的概念与起源

人工智能是研究模拟用户，延伸和扩展人的智能的理论、方法、技术和应用系统的一门技术科学，它不仅试图理解智能实体，而且还试图建造智能实体。而人工智能中最重要的一环就是让机器拥有思维认知，即人类智能。换句话说，人工智能就是让机器或是人所创造的其他人工方法或系统来模拟人类智能。人工智能的概念较为宽泛，按照人工智能的实力可大致将其分成三大类：第一类，弱人工智能，指只擅长于某个方面的人工智能，如只会下象棋可以战胜象棋世界冠军的人工智能；第二类，强人工智能，指在各方面都可达到人类级别，人类能从事的脑力劳动，它都能和人类一样得心应手地去干，能和人类比肩的人工智能；第三类，超人工智能，指在科学创新、通识和社交技能等几乎所有领域都比人脑聪明、都可超越人类大脑的人工智能。

历经 20 世纪 50 年代重视问题求解的方法而忽视了知识的重要性、六七十年代实用化专家系统的研究和开发、80 年代神经网络飞速发展到 90 年代由单个智能主体研究转向基于网络环境下的分布式人工智能的研究阶段，目前人工智能的研究不仅研究基于同一目标的分布式问题求解，而且研究多个智能主体的多目标问题求解，推动人工智能技术更面向实用化。

（二）区块链与人工智能技术加速数字经济发展

1. 区块链的关键技术

区块链是由包含交易信息的区块从后向前有序链接起来的数据结构。它可以被存储为一种包含非相对关系记录的文件，或是存储在一个简单数据库中。比特币核心客户端使用数据库存储区块链元数据。区块被从后向前有序地链接在这个链条里，每个区块都指向前一个区块。区块链经常被视为一个垂直的栈，第一个区块作为栈底的首区块，随后每个区块都被放置在其他区块之上。

区块链是链式的数据结构、点对点去中心网络技术、加密算法、共识算法、智能合约、公链、主链、侧链、跨链导技术融合创新的全新技术方案，通过加密技术形成一个去中心化的可靠、透明、安全、可追溯的分布式数据库，推动互联网数据记录、传播及存储管理方式变革，大大简化业务流程，降低信用成本，提高交易效率，重塑现有的产业组织模式、社会管理模式，提高公共服务水平，实现互联网从信息传播向价值转移的转变。这些技术几十年前就已经兴起，但最近几年才开始在很多领域被广泛使用，目前重点部署的应用有数字货币、跨境支付、证券发行、数字资产、供应链金融、互助保险、票据服务、版权保护、物流追溯等。

（1）链式的数据结构

区块链之所以被称为"链"，就是因为其数据结构的巧妙设计，其把多个收支与交易记录通过大量计算打包为一个数据块，所有数据块都通过这种链状的结构连接起来，存储着所有交易的记录信息。区块链技术本质是一种分布式数据库，是互联网数据记录、传播及存储的新方式，相关数据的分析、解读同样离不开大数据、人工智能技术，将相关物品连接起来，也需要物联网基础技术支撑。

传统的跨境支付需要经过开户行、央行、境外银行、代理行、清算行等多个机构，每个机构都有自己的账务系统，因此处理速度缓慢，业务执行效率低下。应用区块链以后，能够降低中间流程的操作成本和费用，减少冗长的复杂环节和人工审查出错的情况。

（2）点对点去中心化网络技术

点对点网络技术是区块链系统中连接各对等节点的组网技术，网络上的各个节点可以直接相互访问而无须经过中间实体，同时共享自身拥有的资源，包括存储能力、网络连接能力、处理能力等，是区块链的核心技术之一。区块链技术应用不同于传统服务方式，区块链中的所有节点都处于对等地位，每一个节点既是服务器也是客户端，且拥有所有交易记录数据，任何接入区块链的节点都有权获取所有的交易记录信息。

区块链给传统的分布式系统赋予了一种崭新的、更加广泛的协作模式，解决了点对点对等网络下的数据一致性问题和基于单一信用背书实体的传统信任机制不同，区块链技术创建了一种基于公认算法的新型信任机制。由于算法的客观性，即使网络中存在恶意节点，也能保证达成共识，实现业务的正确处理。这便是区块链技术带来的显著价值，在网络视频、网络语音、搜索、下载等多个领域得到广泛应用，可使多个行业领域受益。

（3）智能合约

"智能合约"，最早是由跨领域法律学者尼克·萨博提出来的。一个智能合约就是一套以数字形式定义的限定合约参与方执行相关协议的承诺，其本质为运行在可复制、可共享的分散式记账本上的一段计算机程序，在此程序下合约各方既可以维持自己的现有状态、控制自己的资产，也可对接收到的外界信息或者资产进行处理、储存甚至再发送。

（4）公链、主链、侧链、跨链等技术

根据网络上有关资料，公链是公有链的简称，即全网公开，任何人不需要任何授权机制，都能随时加入与退出、都可读取、都能发送交易且交易都能获得有效确认的"完全去中心化"区块链。公链通过密码学保证交易难以篡改，利用密码学验证以及共识机制在互为陌生的网络环境中建立共识，从而形成去中心化的信用机制。

公有区块链，任何人都可以读取公有区块链的数据，任何人都可以在公有区块链上发送交易，任何人都可以参与到共识过程——该过程决定什么区块被加入链上和现在的状态是什么。公有区块链的安全性由密码经济学所保证。密码经济学结合了经济激励和密码验证机制，使用例如工作量证明或者权益证明机制，它所遵循的基本原理是参与者对共识过程的影响力正比于他所投入的经济资源。公有链一般被认为是"完全去中心化的"。

侧链实质上不是特指某个区块链，是指遵守侧链协议的区块链。侧链则主要用于解决公链交易吞吐量不是和交易速度限制的问题，起到进一步对公链拓展的功效，本质上是一种可以让数字资产在主链与其他区块链之间实现安全双向转移的协议。向侧链写入数据的权限只被一个机构所拥有，也许公众拥有读取数据的权限，也许只有特定的人才拥有读取数据的权限。侧链的应用包括公司内部的数据管理、审计等，在许多情况下，读取区块链的权限也不能开放给所有人。

而跨链则是为解决两个成多个不同链上的数字资产功能状态互相交换、传递和转移等难题的协议，跨链的存在，不仅使区块链的可拓展性进一步提升，也使其可操作性进一步增强，使不同公链之间因数字资产交易困难导致的"数据孤岛"问题得以有效化解。

（5）分布式存储技术

从另一个角度来说，区块链实际上是一种参与者共同记账的分布式账本体系，由于比特币被定义为点对点的电子现金系统，因此，支撑它的区块链实际上也是交易结算体系。它的特点是通过引入数字加密签名的方式，将进出账行为与外部对手方结合，形成一种交易，并引入第三方对交易进行电子签名来提高账目的可信度。

（6）共识机制

在分布式账本当中，共识机制是一种通过算法来保证网络中的大多数参与方对于某一份特定数据或一项更新账本的交易申请价值的认可。也就是说，共识机制是一种保证参与方节点对于事实具有连贯性认可的规则与程序。如何在区块链网络的多方协作中以确保整个价值网络的稳定为前提，并能满足不同方向的性能要求，也成了关系区块链发展的核心问题。

2. 人工智能的关键技术

人工智能技术关系到人工智能产品是否可以顺利应用到我们的生活场景中，从语音识别到智能家居，从人机大战到无人驾驶，依托相关技术，人工智能产品在不断升级，在家居、媒体、医疗、金融等行业有着较成功的应用，人们的生产与生活方式也因此发生了重大变化。人工智能领域包含了机器学习、知识图谱、自然语言处理、人机交互、计算机视觉、生物特征识别、虚拟现实／增强现实七个关键技术。

（1）机器学习

机器学习就是计算机自动获取知识，也是人工智能的一个重要研究领域，一直受到人工智能和认知心理学家们的普遍关注。近年来，随着大数据技术的快速发展，企业和机构所拥有的数据量越来越大。为了从浩瀚的数据海洋中发现有用的知识，机器学习受到了企业和学术界的高度重视。

机器学习，是人工智能技术的核心，涉及统计学、计算机科学、脑科学等诸多领域，主要研究计算机怎样模拟或实现人类学习行为的方式，从而以获取更多所有的知识或特殊技能，并不断重新组织已有的知识结构使之不断改善自身的知识结构，提升相关的技能，特别是基于数据的机器学习研究如何通过观测样本数据寻找相关规律，并对未来数据或无法观测的数据进行进一步预测，进而指导相关的行为。根据学习模式的不同将机器学习分为监督学习、无监督学习和强化学习等，根据学习方法的不同可以将机器学习分为传统机器学习和深度学习。

机器学习的研究意义重大，取得重大进展往往意味着人工智能甚至整个计算机科学向前迈进了坚实的一步。对比人类的学习，机器学习具有诸多优势。

一方面，人类受教育和学习的过程是一个相当艰苦的过程；另一方面，由于人类年龄和精力的限制，积累知识较为缓慢，同时无法继承，每一个人都必须从头认识和改造世界，但机器能够不知疲倦地接受信息，并将获得的技巧延续下去，避免大量的重复学习工作，因而使知识的积累非常迅速。因此，对机器学习的研究将有助于加快获取知识、技巧和规律的进程。

（2）知识图谱

知识图谱就是一种语义网络，基于图的数据结构，由节点和边组成，将节点之间用无向边连接，每个节点即为现实世界中存在的"实体"，而每条边即为实体与实体间的"关系"。本质上是一种由现实世界实体节点和表示不同节点相互关系的边组成的网状知识与数据结构，主要通过节点与边的相互连接描述现实不同实体之间的概念及其相互关系。通俗地讲，知识图谱就是把所有不同种类的数据与信息节点连接在一起而得到的一个关系网络，提供了从不同节点关系的角度去分析问题的能力。

对于知识图谱的构建可以采用自上而下或自下而上的方式。以自下而上的知识图谱的构建为例，它可以说是一个更新迭代的过程，通过逻辑的获取设定可以将每一轮的迭代分为三个阶段：信息抽取、知识融合、知识加工。目前知识图谱通过异常分析、静态分析与动态分析等数据挖掘方法，广泛运用在业界搜索引擎、可视化展示和精准营销等方面，并表现出巨大的优势。此外，知识图谱技术也可用于反欺诈、不一致性验证等公共安全保障领域。

（3）自然语言处理

自然语言处理作为计算机科学与人工智能领域中的一个重要方向，主要研究人与计算机之间如何通过自然语言进行有效沟通的各种理论和方法，主要涉及机器翻译、语义理解和问答系统等领域。其中，机器翻译技术是指利用计算机技术特别是基于统计和深度神经网络技术将一种自然语言翻译成另外一种自然语言的技术。语义理解技术是通过计算机技术阅读、对文本篇章上下文的理解进而精准回答与篇章文本相关问题的技术。语义理解技术可进一步提高问答与对话的精确度，未来将广泛运用在自动问答、智能客服等相关领域。至于问答系统包括开放领域和特定领域的对话与问答系统两部分，问答系统技术就是指让计算机可以像人类一样用自然语言实现与人充分交流的技术。

自然语言处理包括自然语言处理技术和自然语言处理资源两方面。其中，自然语言处理资源包括 Word Net 和 HowNet 等词典，而自然语言处理技术则包括去除停止词、取词根、词性标注、词义消歧、句法分析、命名实体识别及指代消解等。本质上，就是将自然语言与计算机语言进行打通，让计算机程序模仿人脑结构的人工神经网络，通过加工处理符号信息来实现语义的理解转换。而在信息检索中，常常将自然语言资源（如词典）与自然语言处理技术两者结合运用。研究自然语言处理所涉及的领域有智能语义搜索、问答系统等。

就目前的应用来看，自然语言处理还面临着词法、句法、语义及语音等不同层面的问题，并且语言具有高度复杂性，所以机器在如此不确定的环境中获得的学习模仿能力还是相对较弱的。

（4）人机交互

人机交互指的是计算机与用户之间的交流互动，是人工智能领域重要的外围技术，是与认知心理学、多媒体技术，虚拟现实技术，人机工程学等密切相关的综合学科，主要研究人到计算机和计算机到人的人与计算机之间的信息交换，具体交换内容除了传统的基于智能设备的基本交互和图形交互外，还包括语音、情感以及体感等交互技术。

人机交互有三个重要元素，在设计时需要考虑人、交互设备、交互软件。其中，交互软件是整个交互计算机的核心，其重点在于对算法的研究；交互设备则是用来实现人与计算机间传递消息的媒介。同时，交互程序的设计还需要在物理层面、认知层面及情感层面进行充分考虑。人机交互一般基于视觉、听觉、触觉三种感官出发进行设计，所以可以分为四种类型：视觉人机交互、音频人机交互、传感器人机交互、多通道人机交互。

（5）计算机视觉

计算机视觉是使用计算机模仿人类视觉系统的科学，使用计算机或摄影机对事物进行识别、跟踪、测量等，并通过模仿人类的视觉系统，让机器拥有信息提取、处理、理解和分析图像的能力。计算机视觉融合了多个领域，如计算机科学（图形、算法、系统等）、数学（信息检索、机器学习）、工程学（自然语言处理、图像处理等）、物理学（光学）、生物学（神经科学）、心理学（认知科学等）。

视觉识别是计算机视觉的关键技术。以图像分类为例，一般情况下视觉识别是利用多层识别方式来处理图片：第一层为像素亮度分析层，主要用来识别像素亮度；第二层为边界确定层，根据相似像素的轮廓确定图中的所有边界；第三层则用于识别质地和形状等。经过层层识别之后，对图像做出准确的分类。目前，基于深度学习的视觉识别系统的检测效率和精度都已经有了极大的提高。

计算机视觉技术已广泛运用在无人驾驶汽车、无人机以及智能医疗等需要通过从相关图像等视觉信号中提取并处理信息的领域，根据解决的问题不同，计算机视觉可分为计算成像学、图像理解、三维视觉、动态视觉和视频编解码五大类。

（6）生物特征识别

生物特征识别技术是指通过对个体生理或行为等生理特征的分析进而对个体真实身份进行识别与鉴定的智能化身份认证技术。生物特征识别的整个过程通常分为注册和识别两个阶段：注册阶段主要是通过图像及语音传感器采集人体的人脸、虹膜、指纹、掌纹以及声纹、步态等多种生物特征信息数据，并通过预处理技术对采集的数据进行处理，提取相应的特征并进行存储；识别阶段就是对提取的特征数据与存储的特征数据进行比对分析，完成身份识别、鉴定与认证。通过生物特征识别技术，既可完成一对多的辨认问题，即从存储特征数据库中确定待识别人身份的问题，也可完成一对一的确认问题，即将待识别人信息与存储数据库中特定单人信息数据进行比对进而确认身份的问题。

然而，单一的生物特征识别系统在实际应用中具有局限性，为了提高系统的性能，多生物特征识别开辟了一个新的方向。其主要运用数据融合方法，结合多种生理特征和行为特征进行身份鉴定，进一步提高了识别的精确度和系统的安全可靠性。其中，数据融合指的是对多源信息进行有效的融合处理，主要通过数据层、特征层及决策层的融合来做出最优决策。多生物特征识别系统一般可以采用多个同一生物的特征融合和多种不同生物特征的融合两种方式工作。

目前生物特征识别技术既涉及人脸、虹膜、指纹、掌纹等图像特征，也涉及音质、声纹等多种语音特征,所以其注册与识别过程既涉及图像处理、机器学习,也涉及计算机视觉与语音识别等多项技术,而这些生物特征识别技术已广泛运用在教育、医疗、交通、刑侦及其他公共服务领域,为生活带来更多的便利和体验。

(7) VR/AR 技术

VR/AR 技术是以计算机为核心的新型视听技术,在结合获取与建模技术、分析与利用技术、交换与分发技术、展示与交互技术以及技术标准与评价体系五个不同的处理阶段技术及其他相关科学技术的基础上,在一定范围内模拟生成与真实环境在视觉、听觉、触觉等方面高度近似的数字化环境,用户只要借助必要的数据获取设备、显示设备、触觉交互设备等智能装备就可实现虚实环境无缝融合,实现与数字化环境中的对象进行全方位智能化与舒适化现场自然交互,甚至相互影响,进而获得近似真实环境的感受和情感体验。

这两种技术都分别为人类带来了不一样的感官体验,可以说人人都体验到了其中的乐趣。像 VR/AR 这样的新科技逐渐深入人们的日常生活之中,所以 VR/AR 时代也被称为第三代互联网时代。VR/AR 技术的日渐成熟也带动了大批新的产业的发展,其在各个领域也得到了广泛应用。

3. 算法驱动数字经济发展

在数字经济时代,如果说人工智能技术可以提高生产力,那么区块链可以改善生产关系,算法则是数字经济发展的方法论。区块链和人工智能技术是人类向数字化社会迁徙和进行数字经济活动的工具,前者保证数据资料的质量、安全和产权,为人工智能建模提供数据资料,后者能够在经济活动中实现取代大量人工,提高生产力,两者共同推动数字经济发展。

4. 区块链与人工智能存在的隐患与弊端

有人将安全可靠视为区块链最突出的优点。比特币是基于区块链的、公认最成功的全球应用案例,但是比特币的安全事件却时有发生。

包括移动宽带、云计算、大数据、物联网、人工智能、区块链、3D 打印等在内的数字技术日新月异的发展,必将对未来数字经济的发展进程及走向产生深远影响,其在为人类带来更大便利的同时,也必将带来更多的新问题与新挑战,只有深入研究与了解这些技术的发展趋势，并进行适时控制与调节，使其向有利于人类发展方向发展，才能让技术更好地服务于广大民众。

二、区块链与人工智能技术的融合

目前，随着区块链和人工智能两大技术的飞速发展，越来越多的人开始将两者相提并论，探讨区块链与人工智能融合发展的可能性。如果说人工智能是一种生产力，它能提高生产的效率，使人类更快、更有效地获得更多的财富，那么区块链就是一种生产关系，可以决定生产力的发展。人工智能和区块链能够基于双方各自的优势实现互补。

（一）区块链与人工智能相互赋能

人工智能应用包含三个关键点：一是数据；二是算法；三是计算能力。人工智能与区块链两者融合，可以在这三点上相互赋能。

1. 数据层面

实际上，分布式并行计算并非仅在人工智能的神经网络领域中使用，在视频处理领域的分布式并行计算相较于串行计算，由于在同一时间内的计算能力强，因此能够非常好地服务于图像增强算法，从而提升图像或视频的分辨率。实际上图像识别技术中的人工智能深度学习所使用的基础架构，也同样来自分布式并行计算对视频图像处理的研究积累。

并行计算相较于串行计算来说，可分为时间上的并行和空间上的并行。时间上的并行就是指流水线技术，多线程处理器就属于在时间上实现了并行，而空间上的并行则是指用多个处理器并发地执行计算，也就是核心数的增加。并行计算的目的就是提供单处理器无法提供的性能（处理器能力或存储器），使用多处理器求解单个问题。分布式计算研究如何把一个需要非常巨大的计算能力才能解决的问题分成许多小的部分，然后把这些分配给许多计算机进行处理，最后把这些计算结果综合起来得到最终的结果。并行计算和分布式计算两者是密切相关、相辅相成的，分布式并行计算必然会越来越普遍，逐渐发展成主流的计算模式并取代集中式的大型计算机。

分布式算力是为分布式计算提供逻辑运行支撑的计算能力输出集合，包含了两大特点，即延展性与冗余性。由于整个逻辑运行被分配到多个不同的参与方当中，因此分配机制的确立确保了整个分布式计算网络可通过不断纳入新的参与方来增加整体的工作效率。此外，冗余性则体现在即使有失效节点的存在在功能上也不会影响整个分布式计算系统的运作，仅可能影响一定处理效率，从而使得整个网络具有较高的容错性。

2. 算法层面

人工智能为区块链中相对粗糙的智能合约技术带来了福音，并有助于实现合约智能化。人工智能结合区块链智能合约，将从以下三个层面重塑全新的区块链技术应用能力。

第一，人工智能结合智能合约，可量化处理特定领域的问题，使智能合约具有一定的预测分析能力。例如，在保险反欺诈应用中，基于人工智能建模技术构建风控模型，通过运营商的电话号码不同排列的数据组合进行反欺诈预测，并依据智能合约的规则进行相应的处理。分布式人工智能从另一个层面来看就是一种分布式认知，被动体以及其他认知体都是某一认知体学习判断获得反馈的来源，某一个认知体通过一系列被动体做出反应并持续获得反馈与提升。基于人工智能的智能合约能够处理人脑无法预见的金融风险，在信用评级和风险定价方面比人脑更具有优势。

第二，每一个认知体对于一个人工智能系统来说都是在拓展其认知边界，各个认知体系统在本地化的传感器获取与数据分析中进行认知总结，并提升了对整个系统总体性的认知边界能力。就像在物联网与车联网场景当中，每一个传感器、车辆都在不同的环境与路况中做出反应，这些反应会成为整个网络所积累到的知识，从而自我更新再认知。人工智能的介入让其拥有仿生思维性进化的能力，每一个计算节点都是人工智能认知边界拓展的源泉与动力。就智能合约本身而言，通过人工智能引擎，在图形界面的模板和向导程序的指引下，能够将用户输入转化为复杂的智能合约代码，即生成符合用户和商业场景的"智能协议"。

第三，人工智能不断地通过学习和应用实践形成公共化的算力。当然，人工智能与智能合约的深度结合还须跨过法律和技术两重难关。尽管一些相对简单的合约通常可以将履约自动化，但对于更加复杂的合约，可能还需要人的介入来解决争议。在博弈类 AI 系统中，由于本身商业属性不强，因此社区化的参与度较高。社区爱好者都由于共同兴趣和研究方向秉承资源分享的原则，为整个网络系统贡献出自己的 GPU 资源和设备电力。也因此，在商业模式清晰的 AI 应用当中，分布式算力的瓶颈还在于有效的经济激励机制的施行，而比特币及其底层的区块链则为分布式算力资源的激励提供了启发性的指导。

（二）区块链与人工智能技术深度融合

人工智能的发展需要算力的支撑，数据是"喂养"机器学习的资料。分布式计算和云算力的进一步发展，使得算力能以较低成本获得。人工智能为区块链中相对粗糙的智能合约技术带来了福音，并有助于实现合约智能化。随着物联网设备的增加和互联网的深入发展，数据的规模和类型也越来越多。但是，伴随着数字化社会的形成，安全、隐私和伦理问题逐渐产生，引起了人们的广泛探讨。

1. 分布式自治保障人工智能数据安全

认知计算的成功并不以图灵测试或模拟人类的能力作为判断标准，它的标准更加实际，贴近每个人的生活。因此，在人工智能大规模落地之前，数据安全和隐私问题亟待解决。在隐私轻易被泄露和创作被轻易侵权的今天，社会公众必须信任人工智能技术能够给人类带来的安全利益远大于伤害，才有可能发展人工智能。

区块链具有数据加密、不可篡改、来源可溯的特点，作为安全的分布式自治网络基础设施有望成为下一代互联网。未来区块链可能改变许多行业的商业模式，使人们从信任一个中介机构转而信任一个不可人为操控的智能合约。在价值互联网上，数据及数据产品可作为所有权明晰的资产流通起来，共享生态将激发创新、创造新的社会价值。人工智能具备自主决策能力，能够调度资源并不断进化。区块链可为其提供发展的土壤，给予 AI 所需要的数据、算法和算力，两者结合将有助于发展出更强大的人工智能系统。

2. 区块链为数据的安全流通搭建桥梁

数据在人工智能的许多领域可能异常有效，许多公司通过各种产品收集用户数据，不断迭代产品使其获得用户的青睐。正是因为互联网时代的这种竞争，企业和机构纷纷建立起自己的数据"护城河"。但是每个企业都希望获得更多的横向数据，从而建立更大的消费者数据库去更好地指导业务拓展。因此，企业或机构一边希望获得跟业务或用户相关的数据，一边又担心自己的数据会泄露。许多公司认为数据共享带来的风险高于回报而不愿提供自己的数据，这就是现有数据交换中心面临的困境。

由于人工智能在算法优化阶段需要投入大量的算力，除了算力巨大的投入外，还需要集合全球爱好者的算力资源，来持续为人工智能算法进行优化运算。可见集合全球人工智能爱好者所共享的分布式算力已经能够为一个单一领域的人工智能算法优化提供强大的支持。

深度学习社区与计算机围棋爱好者社区通过分享各自的 GPU，在深度学习的过程中不断获得算力的输出，对算法持续地进行着判断权重的优化。有观点认为，算力的输出实际上集中在算法的优化，实际的运转仅需要少量的算力执行优化过的算法就行，但实际上算法的优化就来自反复博弈，每一个算力参与节点都是在不停地进行自我博弈，自我博弈的过程往往使用的是这个节点的本地算力，但过程与结果会在事后向整个网络进行同步反馈，成为整体的学习成果。

3. 区块链加密性保护 AI 创作版权

人类的大脑是有逻辑和创造力的，逻辑是有序的，而创意和直觉可以是凌乱的。很难说出人通过什么样的机制达到创作的状态，如何激发灵感产生独创性的作品。人工智能在模拟创作方面，深度学习算法已经取得突破。在互联网快速发展的今天，人类艺术家通过数字化工具创作的数字艺术、网络文学作品已经成为传统行业中不可忽视的部分，便捷的网络带来分享和传播便利的同时也面临盗版泛滥的问题。无论是人类创作还是 AI 创作，这都是无法回避的挑战。

共享到区块链上的数据本身具备资产属性，可以直接交易与变现。区块链可以标记创作的来源和去向，构建智能合约在开放平台上出售作品使用权时自动完成版税支付并颁发授权许可，对创作者直接形成激励。这也可能成为一个数据共享的驱动力。在 AI 支持下，算法通过学习 1～10 小时就能模拟出风格鲜明的画家作品、音乐作品，快速习得的"风格迁移"作品产出数倍于人类临摹或创作，而消费者可能因为喜爱这种风格而接受此类产品。这就意味着只要研发出一种算法就可能产出大量名家的模仿作品，成为创作市场争相追逐的对象。这将改变艺术、设计、文学、新闻及影视文化等诸多创作行业的版权保护现状，进一步促进文艺行业的全球化传播和数字化发展。

区块链能够为人工智能带来全球规模的数据、算法和算力，助其成为自主进化的高级人工智能。在安全的范围内，可以预见区块链对人工智能应用落地的助力，链的分布式和加密性可使个体或机构放下疑虑共享数据，并在授权他方使用中获得收益，这种激励必将促进行业繁荣兴盛。

（三）区块链与人工智能融合的优势

首先，对区块链和人工智能技术的研究及应用均以大量真实数据为基础。作为一个分布式数据库，区块链需要保证网络中多个节点共享真实的交易记录，形成冗余备份，进而保证链上数据的完整性和一致性。人工智能算法的研发也需要大量真实的培训数据集，采集的数据越多，则人工智能算法的结果越准确。

其次，区块链技术能够帮助人工智能应用更好地完善数据的收集、存储和处理。在数据的收集方面，人工智能技术的发展依赖大量数据，区块链通过引入点对点连接的方式来解决这个问题，同时，区块链数据的难以篡改性也保证了数据的真实性。在数据的存储和处理方面，利用区块链分布式的数据存储方式能够将目前中心化数据存储和运算的模式改进为去中心化的模式，因而有助于利用分布式的算力对数据进行处理，加快人工智能算法的训练。在人工智能算法的标准和共享方面，利用区块链的价值链特性，可以解决算法的有偿共享问题，可以帮助人工智能市场变得更开放。

最后，人工智能将使区块链更加自治和智能化。人工智能算法的引入能够改进区块链的共识机制，通过人工智能帮助人类做出判断，例如，实现投票的智能化、PoW算力智能化。除此之外，引入人工智能还可以改进区块链智能合约，使区块链更加智能化。

第三章 数字经济产业链与发展战略

第一节　数字经济产业链分析

一、数字经济产业链全景

数字经济产业链有三层架构，分别是基础层、平台层、应用层构成。其中，基础层是数字经济产业的基础，主要是新型基础设施建设，如第五代移动通信技术、物联网、云计算等，以及传统基础设施的数字化，为数字经济提供信息基础和物理基础支撑；平台层是数字经济产业的核心，平台层的基本功能是"连接"，连接了终端消费者与产业消费者，把握了整个产业链的核心；应用层是数字经济产业的延伸，面向特定应用场景需求而形成解决方案。

（一）数字经济产业链的构成

1. 基础层

数字经济产业链的第一层架构是基础层。基础层包括新一代基础设施建设以及传统基础设施的数字化改造。

新一代的基础设施建设包括 5G 基站建设等。目前来看，5G 的建设不仅更适合传输爆炸增长的信息量，从而解决城市部分人口聚集区网络拥堵的问题，还能在通信市场上满足对信息服务需求较高的部分群体。

基础层要在进行新型基础设施建设的同时平衡好对原有的旧设施升级改造的工作，使二者能够在不冲突的情况下同时运转，也可以尝试新旧结合，能够直接升级使用的可以不使用更高的成本来建设新的设施。以物联网建设为例，在监控摄像头可用的情况下，可以不用考虑加装新型智能摄像头的方案，在原有"天眼"网络的基础上，加装智能芯片，升级为"智能天眼"网络。

2. 平台层

数字经济产业链的第二层架构是平台层。数字经济的平台层搭建在基础层与应用层之间，也是数字经济产业的核心。平台层的结构是由不同行业的平台搭建而成。

数字经济平台既是企业，也是一个小型的市场。数字经济平台以企业的方式运营，同时为更广大的生产者和消费者提供沟通交流、交易的平台，具有了市场的功能。数字经济平台兼具企业和市场功能的优势，使沟通更加便捷，运营效率更高。

数字经济平台涉及范围广，沟通用户多。数字经济平台上，既有市场上主要的企业和消费者，又有政府部门、各行业组织等其他市场主体。平台的优势就是将各主体的供求进行匹配，把信息在各组织之间进行传递，帮助打破各主体之间的信息壁垒，提升运行效率。

3. 应用层

数字经济产业链的第三层架构是应用层。数字经济在生活、物流、农业、金融等不同场景均有所融合应用。随着科技的发展和消费者对高品质服务的需求日益增长，数字经济的应用范围不断扩大，如物联网、智能驾驶、无人商店等。智能化和经济社会的融合，也推动着数字经济技术不断向前突破。

在数字经济应用范围不断扩大和技术的不断革新过程中，一系列新兴的经济模式也随之产生。平台经济使人们的生活更加便捷，如外卖平台让消费者不仅能够足不出户享受到餐饮服务，而且相比之前有了更大的选择空间。共享经济提高了资源的利用率，如共享充电宝产业，充电宝的生产和报废都需要花费大量的自然资源和社会资源，还有污染环境的可能，而共享充电宝极大地提高了资源利用率，降低了能源浪费。智能经济提升了社会的运行效率，也会让社会更加有秩序。

（二）数字产业化

数字产业化，指的是将人工智能技术、第五代移动通信技术、高精尖芯片等快速发展的新兴信息技术通过市场转化形成新产业，给数字经济发展打造基础、提供动力，因此也被称为信息产业。

数字产业化的本质是以商业化模式运营信息、知识、数据等虚拟要素，使之成为经济中的生产要素，进一步创造经济效益，最终打造形成产业链。

（三）产业数字化

1. 产业数字化概念

产业数字化是企业依托现代信息科学技术，对传统产业开展数字化转型升级，以提能增效，向高质量发展转变的过程。

产业数字化可以从微观、中观和宏观三个视角解读，微观上对传统企业进行改造升级，给企业带来新的发展机会和运营模式，提高企业运营效率；从中观视角来看，对产业链上下游的全部要素进行数字化转型升级，降低成本，提高产业链效率；从宏观视角看，通过对传统产业的改造升级，在市场上催生出新的业态和模式，如大数据产业、人工智能等，推动国民经济向高质量发展转型。

2. 产业数字化规模

产业数字化占数字经济比重远高于数字产业化。产业数字化部分占数字经济比重为81.7%，远高于数字产业化的18.3%，这是判断数字经济是否繁荣的重要依据。

产业数字化占国内生产总值的比重也越来越大，增长十分迅速，也表明我国各产业都在信息技术的刺激之下开始了转型升级之路。

产业数字化对数字经济增长的主引擎作用更加凸显。2022年，产业数字化规模同比名义增长10.3%，占GDP比重为33.9%。

这些数据表明了我国产业数字化近10年来在不断取得进展，数字经济对提升实体经济的发展质量起到了十分关键的作用。

二、数字经济产业链基础层结构分析

信息基础设施建设和对物理基础设施的数字化改造共同构成了数字经济产业链的基础层，共同为数字经济发展提供了必要的基础条件。信息基础设施建设就是国家号召的"新基建"内容之一。

"新基建"第一方面新在技术。在进行新型的基础设施建设时，新技术层出不穷，为我国在有限时间内高质量完成建设目标起到了功不可没的作用。第二方面新在内容。不同于以往的水利设施、高铁、机场等基建内容，而是建设通信设施，物联网、智算设施等。第三方面新在理念。好钢要用在刀刃上，投资的方向逐渐转向有更大收益的或者有较大潜能的项目设施上，资本回报率更高，投资更加有效。而这些建设也能为中国在下一轮技术革命中争得先机。

（一）新一代基础设施建设

建设 5G 等新一代基础设施，为经济的发展，提供了必要的基础条件。

第一，从产业层面说，"新基建"一方面对新兴产业来说是发展甚至是存在的基础，例如 5G 等通信设施的建设，给互联网平台提升信息运输能力和投放更多内容提供了基础；另一方面对传统产业来说也是转型升级的推动力。例如，5G 的建设给内容创作平台推荐更高清、时长更长、内容更丰富的内容提供了基础，有助于这一类平台凭借"新基建"打造更优质的服务。

第二，从社会层面来说，"新基建"给智能社会提供了保障，直接服务于智慧城市、智慧生活等的建设，极大地方便了居民的日常生活。例如，智能家居包括冰箱、空调、安全设施等的建设就依赖数据传输的能力，"新基建"能够使居民更好地控制智能家居，提升生活质量。

第三，从国家层面来说，新基建具有技术密集、环保节能等特点，不仅为国家节约了土地资源，还有助于生态环境的保护。

"新基建"是实现我国数字经济战略能够落到实处的重要前提，是服务于我国数字经济向更高层次、更大规模、更深渗透发展的重要基础，是我国打造"数字中国"，在国际上处于领先地位的重要保障。

1. 新基建——5G

5G 指的是第五代移动通信技术，也叫通信系统。区别于第四代通信系统，也就是 4G，5G 不是简单的"4G+1G"，它实现移动数据传输的方法跟 4G 可以说完全不同，因此也需要建设新的基站。

4G 已经不能满足市场需求。催生 5G 的主要因素就是移动互联网的发展。冰箱、洗衣机、摄像头、汽车等越来越多的设备随着移动终端的普及接入移动互联网之中，使得移动数据的需求呈千百倍的增长。

5G 对国家乃至世界来说都非常重要。21 世纪是信息的时代，而 5G 的网络将成为新世纪一段时间内信息流通的主要渠道。无论是生产制造业，还是金融信息的传递，以及居民日常生活所需要的信息，都会沿着5G网络流动。5G的基础设施建设将成为社会运转的新基石和国家进步的加速器。

2. 新基建——物联网

无论是"产业数字化"还是"数字产业化"，这两个新兴的经济活动核心词就是"数字"和"产业"，对应在社会中就是"网络世界"和"现实世界"。"网络世界"也可以说是"数字世界"，它与"现实世界"构建起的联系，就是物联网。

物联网是沟通联系两个世界的纽带。这分为两个方面，一方面是利用数字世界的数据算法，来控制现实世界中各种物理终端的行为，也就是操控设备；另一方面是通过大量的移动或固定终端去感知周围的环境、人、事，并把其转化为数据，然后把这些巨量数据映射到数字空间中去，帮助计算和优化。

物联网的建设存在困难。物联网是无数个设备的网络化连接，而不是一个或几个简单的技术和设备。从物联网体系的角度来说，物联网在设备和数字联系的过程中，在跟数字经济各行业融合发展的过程中，逐渐形成了一个非常复杂的生态。安装一个设备容易，但是要想建设好一个生态是非常困难的。

物联网的建设需要顶层设计和各方面的共同努力。物联网不是单纯的技术问题，因为它是互联网技术和各行各业的互相融合，这就至少涉及了两个行业：一个是互联网，一个是涉及的行业。而且既然要建成物联网，肯定需要各行各业的参与，根据系统工程的原理，协调多部门、多领域共同工作必须有科学的顶层设计和明晰的分工。

在我国，大型项目的进行必须由政府部门牵头。物联网是我国五大战略性新兴产业之一，是未来经济新的增长点。我国政府高度重视物联网的建设，在各种工作报告、发展规划中多次提及，也为之设计了相应的法律法规和支持其发展的政策方针。

各行各业、各领域各组织积极参与。从组织层面说，物联网建设需要互联网企业、通信企业、机械制造和加工企业、电力企业等企业的参与，需要各行业协会的参与，需要各学术科研机构参与；从产业层面说，电信、交通等各产业链体系内的主体都包含在内；从区域层面说，东部地区携手并建，各省份各地方需要加强合作。

3. 新基建——云计算

云计算技术目前来看已经成为我国数字经济发展的重要支撑。云计算技术是备受商界关注的技术，不同于很多无法产业化的技术，云计算最初就是在商业需求的驱动下产生的。在信息时代，我国为了经济的高质量发展，需要使用信息技术变革商业领域，加快经济转型。

中国的云计算技术发展迅速。阿里云智能是中国云计算发展的代表企业，在云计算技术与各产业的融合中，逐渐改变着人们的生活。另外，云计算强大的数据处理能力也改变着企业的生产方式。在对大量数据进行分析的基础上，企业可以局部实现最优的资源配置。服务企业可以通过数据和云计算技术分析消费者的个性化需求，进行针对性生产、个性化定制，节约了成本，提升了服务质量。

（二）传统基础设施的数字化改造

在各产业领域进行数字化转型升级的过程中，很重要的一个环节是对传统设施进行改造升级。在资源有限的情况下，又不得不满足产业升级的需要，新旧设施融合发展是实现目的的重要途径。

（三）国内外基础设施现状分析

"新基建"需要应用的技术多，涉及的学科多，覆盖的领域广，而各个国家的国情不同、经济实力有差距、技术水平参差不齐，所以，建设程度也有很大区别。从世界范围看，各国都在新技术新设施上发力，背后既有国家力量，也有资本驱动。我国的技术起步晚，但是在国家支持和资本注入下正奋起直追。

三、数字经济产业链平台层结构分析

数字经济是一个涵盖范围大、涉及领域广、参与主体多的系统。数字经济的主体定位一直不够明晰，但是根据目前情况来看，平台在数字经济的信息流通和资源调配中发挥着核心的作用。

平台是数字经济的主体。平台在市场上为供给方和需求方双方提供信息流通的渠道，让他们基于平台进行交流。在资源配置中提供新型的配置方式。由平台为基础的数字经济正深刻地改变着经济结构和产业格局，为社会发展提供动力。

平台是信息的纽带。信息不仅是市场上供需双方做出决策的依据，也是一种重要的资产。平台不仅为双方信息来往提升效率，也利用这些信息资源转化为经济效益和竞争优势。

平台正在重塑经济结构。平台除了服务于市场上现有的供给者和需求者之外，还会创造新的需求。平台为我国供给侧结构性改革和工业向服务业转型的方面发挥了重要作用。

在互联网平台发展到今天，各行业的企业也越来越重视平台的建设。企业会把原本竞争中的条件如技术、产品等放在平台上，把单个优势的竞争转化为平台层面的竞争。所以说数字经济的平台层搭建在基础层与应用层之间，平台层的结构是由不同行业的平台搭建而成。

（一）电商平台

电子商务是数字经济的重要组成部分。电子商务的核心内涵是数字及数字化服务。怎样发展数字经济？电子商务就是最重要的抓手，也是数字经济发展的牵引者。电子商务平台更是数字经济平台层重要的组成。电商平台的内容如下所示：

电子商务依托平台展开，为市场上各种主体提供网上商务交易的空间。电子商务平台虽然是网络上虚拟的平台，但是在提供服务的过程中也要担负起保障商务运营的责任，以及监管的责任。企业、商家可充分利用电子商务平台提供网络基础设施提供的各式各样的支付平台、安全平台、管理平台等，共享网络资源，从而在控制成本的情况下高效地开展自己的商业活动。

电子商务平台的出现改变了许多传统企业的经营模式。企业发展从实地开展开始转向依托电子商务平台开展，电子商务平台和传统企业也逐渐走向融合。

电子商务平台的发展也在一定程度上影响了企业的采购模式。原本大型企业的供货商是不会通过电子平台进行交易的，但是在电商领域扩展的今天，很多钢铁、化工等大型企业开始探索新兴的原材料采购渠道，拥有了更强的议价能力，不仅可以在更多平台上挑选合适的材料，也可以降低自身的经营成本，可以说，企业发展模式因电子商务平台而得到了革新。

（二）社交媒体平台

随着社会的发展，人们的物质生活愈加丰富，精神需求逐渐增加，因此，社交越来越成为当代人关心的话题。

社交媒体越来越受到人们的重视和喜爱。社交媒体依托智能移动终端，为用户提供交流沟通、阅读、娱乐等服务，不仅改变了人们的生活和娱乐方式，甚至改变着人们的思维。目前，每天有约10亿人使用社交媒体，有社交网络、社交商务、社交娱乐等，这些都是当今最热门的话题，社交媒体正在与人们的日常生活产生深度融合。

社交媒体在拉动新形式的创新创业方面起到了重要作用。创业方面，新出现的互联网营销师职业，就是依托直播平台进行带货的新兴就业群体，公众号等自媒体也带动了一大批职业创作者，短视频平台也给有志于从事内容创作的人提供了就业机会。创新方面，新媒体为政府机关、企业等惯于使用传统纸媒的主体提供了发布信息、普及知识、宣传自身的新渠道；也推动着以《人民日报》为代表的传统媒体行业的转型升级。

1.社交媒体平台的内容

社交媒体是生活在不同地区的人们发表观点、与各部门各企业进行沟通联络，输出观点的平台。社交媒体平台经历了很多变迁，现阶段主体发展的重要推动力，其打造出了许多具有不小规模的重要社交平台，人们在这些平台上获得自己需要的信息。

当下社交媒体平台发展有以下三种趋势：

（1）平台持续增加

随着信息的多样性，传输信息的承载量越来越大。人们已经不满足于简单的文字信息获取。传统纸媒不能满足人们的信息获取需求。短视频等信息形式催生了不同类型的社交媒体软件的出现，但仍难以满足不同消费者的需求，所以不同类型的社交媒体平台还在持续增加。

（2）内容更加多元

不同于纸媒称霸的时代，人们再也不是只能被动地接收信息了。媒体平台数量爆炸增长，大众消费者在市场上有了更大的选择空间。自由创作者也越来越多，自媒体的内容数量远高于官方媒体，在这种市场机制下，平台输出的内容优胜劣汰，消费者需求日益增长，就迫使内容生产者不得不创作更加多元的内容。

（3）专业更加分化

各行各业的消费者都能使用这些媒体平台。他们都愿意在平台上表达个人观点，寻求共鸣；或者发布一些专业问题，寻求帮助。所以在这种情况的筛选下，专业人员的解答会获得更多的青睐。

2. 代表性社交媒体平台

（1）微信

微信是目前拥有使用人数最多、日均活跃用户最多的社交媒体平台。其功能主要有三项：一是即时通信。用户可以与好友随时随地使用微信进行文字、语音或视频进行沟通。二是朋友圈。使用者可以与朋友分享自己的日常生活和个人状态，达到沟通感情的目的。三是公众号新媒体。既有官方推送的最新消息，也有个人自媒体输出的内容和观点。

（2）微博

微博是一个公共信息传播平台，不像微信基于熟人关系，也不依赖用户之间的互相推荐吸引流量，而是依靠娱乐人物自带的粉丝群体和基于兴趣爱好的用户产生流量。

（3）抖音

抖音是一个短视频平台，功能界面简单，主要依靠视频内容的生产吸引用户和流量，私信功能扩大了社交可能，视频带货模式和直播模式成为其盈利的重要渠道。

（4）豆瓣

豆瓣是一个以娱乐互动为核心，以兴趣社交为手段的特殊社交平台，以书影音的评价、交流分享为主要内容，结合推荐、同城、同类等运营模式，为有特殊需求的消费者提供平台服务。

（三）共享出行平台

过去的出行分为两种，私家交通工具或者公共交通工具。个人可以购买小汽车、自行车、电动车等交通工具出行，或者选择铁路、航空等需要投入大量资金建设的公共交通。私人交通需要个人投入资金，但是使用率可能并不高，公共交通适用于远途出行。

公共交通更有利于资源的充分利用。随着人口的不断扩大和公共资源的日益紧缩，短途私人出行使用私人交通工具变得越来越不划算。而在数字经济发展的大背景下，"共享"经济成为缓解资源短缺、提高资源利用率的重要手段。共享出行平台也就获得了政府的支持和消费者的喜爱。

四、数字经济产业链应用层结构分析

中国即将全面迈入数字经济时代，打造"数字中国"。数字技术的不断创新发展是数字经济发展的根本驱动力，数字经济又促进了实体经济的转型升级，双方结合，共同为我国的经济发展赋能。

数字经济在人们生活中得到了广泛应用。衣食住行，人们生活的方方面面早已离不开数字。用手机沟通联系、购买产品服务、家具中的智能应用，智慧城市将是下一个创新点。

（一）数字生活概念

数字生活是一种新兴的生活方式，依赖信息技术的发展。信息技术的发展引发了第三次产业的革命，也促进了生产力的发展，这使得社会居民的工作、生活变得更加方便快捷。数字生活带来的体验是数字经济渗透到日常生活的方方面面。

科技产品不断融入人们的生活。现代人大多习惯了使用智能手机，完成对衣食住行等方方面面的控制，用声音控制洗衣机洗衣服，控制电灯和空调的开关，刷脸进行线下的消费，网上阅读想看的书籍。可谓"活在电子产品中"。现代人的生活，由于科技的发展和融入而变得方便、轻松、快捷、简单。

数字生活冲击着人们的传统观念。在社会生活高度数字化的同时，人们对自己生活的空间产生了迷惑。人们来往于线上和线下，不仅在体验着、学习着如何在这两个空间生活，更重要的是自己如何看待这两个空间。这引发了人们的哲学思考，现实和网络的交织越来越密切，这种关系也在推动着人类思想的进步。

（二）数字生活的特征

1. 选择多样化

线下消费的时代，人们的消费范围受到活动范围的限制，局限在自己生活的区域。由于信息流通范围小，许多潜在的交易因信息闭塞而无法发生。数字生活使得信息流通的范围扩大到了一个难以想象的地步，在互联网上，消费者可以看到全球的消费品，而商品的供给者也可以看到不同的需求，促成了无数在之前根本不可能发生的商品交易。

2. 商品服务化

数字生活开始的第一阶段，我们只是拥有了更大的平台来购买商品，国外是亚马逊，国内是京东等 B2C 平台；第二阶段，出现了淘宝等 C2C 平台，我们在网上购买了商品，物流将商品送到我们手中；第三阶段，更多传统的服务领域与互联网深度融合，催生了 O2O 行业，如共享单车、餐饮团购等，我们在线上交易，而后通过亲自到店或服务人员入户，在线下完成服务。

3. 消费个性化

由于我们日常使用网络的记录等数据被商家记录，所以，平台广为采用智能推荐技术来识别客户需求。机器学习将根据消费者个人的搜索、消费、评价等记录数据，来理解客户现在的需求，以及预测未来的需求。

国内各大互联网企业纷纷进军零售业，运用大数据、人工智能等新兴技术，从商店选址布局、物流、运营方案、会员管理等方面不断提供优化方案，使之更贴近用户的个性化需求，还能降低运营成本，使要买的东西越来越便宜了。

第二节　数字经济发展的战略决策

一、基础建设战略决策

我国要推动数字经济发展，首先要解决的问题是如何从国家和政府层面采取积极的战略行动保障数字经济加快发展。

（一）加快企业和市场的数字化基础建设

因为信息化是数字经济发展的基础，大数据是数字经济发展的新平台、新手段和新途径，所以深入推进国家信息化战略和国家大数据战略，是加快数字经济时代企业和市场数字化基础建设的前提，是从国家和政府层面解决数字经济发展"最先一公里"的问题。

1．深入推进国家信息化战略

当今世界，信息技术创新日新月异，以数字化、网络化、智能化为特征的信息化浪潮蓬勃兴起。全球信息化进入全面渗透、跨界融合、加速创新、引领发展的新阶段。在信息化上占据制高点，便能掌握先机、赢得优势、赢得安全、赢得未来。

（1）信息化与数字经济的关系

现代信息技术日益广泛的应用，推动了数字经济浪潮汹涌而至，成为带动传统经济转型升级的重要途径和驱动力量。根据数字经济的内涵和定义分析，信息化为数字经济发展提供必需的生产要素、平台载体和技术手段等重要条件。换言之，信息化是数字经济发展的基础。具体表现为信息化对企业具有极大的战略意义和价值，能使企业在竞争中胜出，同时企业信息化的积极性最高。因此，在信息化中企业占据主导地位。如近几年出现的云计算、人工智能、虚拟现实等信息化建设，均以企业为主体。数字经济的特点之一就是使信息成为普遍的商品，主要任务是跨过从信息资源到信息应用的鸿沟。信息化是个人成长、需求发布和沟通的重要通道，是社会公平和教育普惠的基础，使个人拥有了极大空间。这是因为按需生产是数字经济的一个重要特征，而要做到按照需求合理地供给，必须靠信息。信息化是提升政府工作效率的有效手段，是连接社会的纽带。政府是信息化的使用者，同时由于信息化的复杂性，政府需要对信息化加强引导和监管。

（2）加快推进国家信息化战略

我国尚处于信息社会的初级阶段，在未来一段时期内，我国要想加快数字经济发展，培育经济新增长点，就必须加快推进国家信息化战略，牢固树立创新、协调、绿色、开放、共享的新发展理念，贯彻以人民为中心的发展思想，以信息化驱动现代化为主线，以建设网络强国为目标，着力增强国家信息化发展能力，着力提高信息化应用水平，着力优化信息化发展环境，让信息化造福社会、造福人民。

（3）先行先试：加快国家信息经济示范区建设

浙江省国家信息经济示范区建设着力加强深化供给侧结构性改革，着力探索适合信息经济创新发展的新体制、新机制和新模式，以信息化培育新动能，用新动能推动新发展。着力打造各具特色的试点城市；以世界互联网大会永久会址为载体，创建乌镇互联网创新发展试验区，努力推动浙江在"互联网＋"、大数据产业发展、新型智慧城市、跨境电子商务、分享经济、基础设施智能化转型、信息化与工业化深度融合、促进新型企业家成长等方面走在全国前列，创造可复制、可推广的经验。浙江主要在三个方面开展示范：一是打造经济发展新引擎，在制造业与互联网的深度融合、社会发展的深度应用、政府服务与管理的深度应用上开展示范；二是培育创新驱动发展新动能，突破信息经济核心技术，推进科技成果转化与应用，大力实施开放式创新；三是推进体制机制创新，重点在信息基础设施共建共享、互联网的区域开放应用和管控体系、公共数据资源开放共享、推动"互联网＋"新业态发展、政府管理与服务等方面进行探索创新，以此持续释放信息经济发展红利。

2. 加快推进国家大数据战略

云计算、大数据、移动互联网、物联网和人工智能的出现，推动了第二次信息革命——数据革命，此时期，大数据的迅速发展起到了更为关键的作用。

信息技术与经济社会的交会融合引发了数据迅猛增长，数据已成为国家基础性战略资源，大数据正日益对全球生产、流通、分配、消费活动以及经济运行机制、社会生活方式和国家治理能力产生重要影响。尽管我国在大数据发展和应用方面已具备一定基础，拥有市场优势和发展潜力，但也存在政府数据开放共享不足、产业基础薄弱、缺乏顶层设计和统筹规划、法律法规建设滞后、创新应用领域不广等亟待解决的问题。

（1）大数据发展形势及重要意义

目前，我国互联网、移动互联网用户规模居全球第一，拥有丰富的数据资源和应用市场优势，大数据部分关键技术研发取得突破，涌现出一批互联网创新企业和创新应用，一些地方政府已启动大数据相关工作。坚持创新驱动发展，加快大数据部署，深化大数据应用，已成为稳增长、促改革、调结构、惠民生和推动政府治理能力现代化的内在需要和必然选择。

①大数据成为推动经济转型发展的新动力

以数据流引领技术流、物质流、资金流、人才流，将深刻影响社会分工协作的组织模式，促进生产组织方式的集约和创新。大数据推动社会生产要素的网络化共享、集约化整合、协作化开发和高效化利用，改变了传统的生产方式和经济运行机制。大数据持续激发商业模式创新，不断催生新业态，已成为互联网等新兴领域促进业务创新增值、提升企业核心价值的重要驱动力。大数据产业正在成为新的经济增长点，将对未来信息产业格局产生重要影响。

②大数据成为重塑国家竞争优势的新机遇

在全球信息化快速发展的大背景下，大数据已成为国家重要的基础性战略资源，正引领新一轮科技创新。充分利用我国的数据规模优势，实现数据规模、质量和应用水平同步提升，发掘和释放数据资源的潜在价值，有利于更好地发挥数据资源的战略作用，增强网络空间数据主权保护能力，维护国家安全，有效提升国家竞争力。

③大数据成为提升政府治理能力的新途径

大数据应用能够揭示传统技术方式难以展现的关联关系，推动政府数据开放共享，促进社会事业数据融合和资源整合，将极大地提升政府整体数据分析能力，为有效处理复杂社会问题提供新的手段。建立"用数据说话、用数据决策、用数据管理、用数据创新"的管理机制，实现基于数据的科学决策，将推动政府管理理念和社会治理模式进步，加快建设与社会主义市场经济体制和中国特色社会主义发展相适应的法治政府、创新政府、廉洁政府和服务型政府，逐步实现政府治理能力现代化。

（2）大数据与信息化、数字经济关系

信息技术与经济社会的交会融合引发了数据迅猛增长，大数据应运而生。

同时，大数据的迅速发展又掀起了新的信息化浪潮，为信息产业和数字经济发展提供了新机遇、新挑战。

①大数据与信息化

与以往数据比较，大数据更多表现为容量大、类型多、存取速度快、应用价值高等特征，是数据集合。海量数据的采集、存储、分析和运用必须以信息化为基础，充分利用现代信息通信技术才能实现。大数据与信息化的关系表现在以下几个方面：

一是大数据推动了信息化新发展。大数据作为新的产业，不但具备了第一产业的资源性，还具备了第二产业的加工性和第三产业的服务性，因此，它是一个新兴的战略性产业，其开发利用的潜在价值巨大。实际上，我们对大数据开发利用的过程，就是推进信息化发展的过程。因为大数据加速了信息化与传统产业、行业的融合发展，掀起了新的信息化浪潮和信息技术革命，推动了传统产业、行业转型升级发展。因此，从这个层面讲，大数据推动信息化与传统产业、行业的融合发展的过程，也就是"互联网+"深入发展的过程。"互联网+"是一种新型经济形态，利用膨胀增长的信息资源推动互联网与传统行业相融合，促进各行业的全面发展。"互联网+"的核心不在于"互联网"而在于"+"，关键是融合，即传统行业与互联网之间建立起有效的连接，打破信息的不对称，结合各自的优势，迸发出新的业态和创新点，从而实现真正的融合发展。而大数据在"互联网+"的发展中扮演着重要的角色，如大数据服务、大数据营销、大数据金融等，都将共同推进"互联网+"的进程，促进互联网与各行各业的融合发展。未来的"互联网+"模式是去中心化，最大限度连接各个传统行业中最具实力的合作伙伴，使之相互融合，只有这样，整个生态圈的力量才是最强大的。

二是大数据是信息化的表现形式，或者是信息化的实现途径和媒介。在数字经济时代，信息技术同样是经济发展的核心要素，只是信息更多由数据体现，并且这种数据容量越来越大、类型越来越复杂、变化速度越来越快。所以，需要对数据进行采集、存储、加工、分析，形成数据集合——大数据。因此，大数据既是信息化新的表现形式，又是新的信息化实现的途径和媒介。

②大数据与数字经济

大数据与数字经济都以信息化为基础，并且均与互联网相互联系，所以要准确理解大数据与数字经济的关系，必须以互联网（更准确讲是"互联网＋"）为联系纽带进行分析。互联网是新兴技术和先进生产力的代表，"互联网＋"强调的是连接，是互联网对其他行业提升激活、创新赋能的价值迸发；而数字经济呈现的则是全面连接之后的产出和效益。即"互联网＋"是手段，数字经济是结果。数字经济概念与"互联网＋"战略的主题思想一脉相承。数字经济发展的过程是"互联网＋"行动落地的过程，是新旧经济发展动能转换的过程，也是传统行业企业将云计算、大数据、人工智能等新技术应用到产品和服务上，融合创新、包容发展的过程。由此看来，大数据是传统行业与互联网融合的一种有效的手段；同时大数据也是数字经济结果实现的新平台、新手段和新途径，推进了"互联网＋"行动落地的过程，推进了新旧经济发展动能转换的过程。数字经济时代，经济发展必然以数据为核心要素。大数据加快了互联网与传统产业深度融合，加快了传统产业数字化、智能化，为做大做强数字经济提供了必要条件和手段。

（3）加快国家大数据综合试验区建设

跨区域类综合试验区定位是，围绕落实国家区域发展战略，更加注重数据要素流通，以数据流引领技术流、物质流、资金流、人才流，支撑跨区域公共服务、社会治理和产业转移，促进区域一体化发展；区域示范类综合试验区定位是，积极引领东部、中部、西部、东北"四大板块"发展，更加注重数据资源统筹，加强大数据产业集聚，发挥辐射带动作用，促进区域协同发展，实现经济提质增效；基础设施统筹发展类综合试验区定位是在充分发挥区域能源、气候、地质等条件基础上，加大资源整合力度、强化绿色集约发展、加强与东、中部产业、人才、应用优势地区合作，实现跨越发展。第二批国家大数据综合试验区的建设，将在大数据制度创新、公共数据开放共享、大数据创新应用、大数据产业聚集、大数据要素流通、数据中心整合利用、大数据国际交流合作等方面进行试验探索，推动我国大数据创新发展。

（二）进一步优化数字经济发展的市场环境

国家信息化战略和大数据战略的深入实施，大大提高了企业和市场的数字化基础建设的水平，分别为数字经济发展提供了重要基础和新平台。另外，数字经济的发展还需要具备良好的市场环境。

1. 加强企业数字化建设

中国互联网络信息中心（CNNIC）发布的互联网发展统计报告主要呈现出三个特点：第一，基础设施建设持续完善，"新基建"助力产业结构升级。围绕高技术产业、科研创新、智慧城市等相关的新型基础设施建设不断加快，进一步加速新技术的产业应用，并催生新的产业形态，扩大新供给，推动形成新的经济模式，将有力推动区域经济发展质量提升和产业结构优化升级。第二，数字经济蓬勃发展，成为经济发展的新增长点。网络购物持续助力消费市场蓬勃发展。数字企业加速赋能产业发展，通过商业模式创新、加快数字技术应用不断提升供应链数字化水平，为产业转型升级提供了重要支撑。第三，互联网应用提升群众获得感，网络扶贫助力脱贫攻坚。互联网应用与群众生活结合日趋紧密，微信、短视频、直播等应用降低了互联网使用门槛，不断丰富群众的文化娱乐生活；在线政务应用以民为本，着力解决群众日常办事的堵点、痛点和难点；网络购物、网络公益等互联网服务在实现农民增收、带动广大网民参与脱贫攻坚行动中发挥了日趋重要的作用。

我国企业数字化建设仍然处于基础设施建设阶段，深层次应用与创新有待进一步提高。在占我国工商企业总数99%的中小企业中，虽然有高达80%的中小企业具有接入互联网的能力，但用于业务应用的只占44.2%，相当多的企业仅仅是建立了门户网站，真正实现数字化服务、生产与管理全方位协同发展的企业少之又少。

因此，加强企业数字化建设，是企业发展数字经济、抢占新经济"蓝海"的当务之急。鼓励企业加大数字化建设投入，积极开展数字经济立法，不断优化市场环境和规范市场竞争，是加快我国企业和市场数字化创新步伐的必然要求。

2. 优化互联网市场环境

目前，市场数字化呈现快速发展趋势，但市场环境仍然不成熟。且我国互联网行业已经由自由竞争步入寡头竞争时代。但是，由于互联网市场监管法规不完善，处于支配地位的寡头经营者很容易利用技术壁垒和用户规模形成垄断，从而损害消费者的权益和抑制互联网行业技术创新，并由此导致网络不正当竞争行为层出不穷。由于网络环境的虚拟性、开放性，网络恶性竞争行为更加隐蔽、成本更低、危害更大，不仅会损害个别企业的利益，还会影响到公平、诚信的竞争秩序，对数字化市场的发展环境构成严重威胁。

因此，优化互联网市场环境势在必行。

综上所述，我国数字经济已经扬帆起航，正在引领经济增长从低起点高速追赶走向高水平稳健超越、供给结构从中低端增量扩能走向中高端供给优化、动力引擎从密集的要素投入走向持续的创新驱动、技术产业从模仿式跟跑并跑走向自主型并跑、领跑全面转型，为最终实现经济发展方式的根本性转变提供了强大的引擎。

二、融合发展战略决策

当前，数字经济正在引领传统产业转型升级，正在改变全球产业结构，正在改变企业生产方式。那么，数字经济时代政府如何调整产业结构，提高信息化程度，紧紧跟随数字经济发展潮流和趋势，成为必须面对的新时代课题。

（一）大数据驱动产业创新发展

新形势下发展数字经济需要推动大数据与云计算、物联网、移动互联网等新一代信息技术融合发展，探索大数据与传统产业协同发展的新业态、新模式，促进传统产业转型升级和新兴产业发展，培育新的经济增长点。

1. 驱动工业转型升级

目前，应大力推动大数据在工业研发设计、生产制造、经营管理、市场营销、售后服务等产品全生命周期、产业链全流程各环节的应用，分析感知用户需求，提升产品附加价值，打造智能工厂。建立面向不同行业、不同环节的工业大数据资源聚合和分析应用平台。抓住互联网跨界融合机遇，促进大数据、物联网、云计算和三维（3D）打印技术、个性化定制等在制造业全产业链集成运用，推动制造模式变革和工业转型升级。

2. 催生新兴产业

大力培育互联网金融、数据服务、数据探矿、数据化学、数据材料、数据制药等新业态，提升相关产业大数据资源的采集获取和分析利用能力，充分发掘数据资源支撑创新的潜力，带动技术研发体系创新、管理方式变革、商业模式创新和产业价值链体系重构，推动跨领域、跨行业的数据融合和协同创新，促进战略性新兴产业发展、服务业创新发展和信息消费扩大，探索形成协同发展的新业态、新模式，培育新的经济增长点。

3. 驱动农业农村发展

构建面向农业农村的综合信息服务体系，为农民生产生活提供综合、高效、便捷的信息服务，缩小城乡数字鸿沟，促进城乡发展一体化。加强农业农村经济大数据建设，完善村、县相关数据采集、传输、共享基础设施，建立农业、农村数据采集、运算、应用、服务体系，强化农村生态环境治理，增强乡村社会治理能力。统筹国内、国际农业数据资源，强化农业资源要素数据的集聚利用，提升预测预警能力。整合构建国家涉农大数据中心，推进各地区、各行业、各领域涉农数据资源的共享开放，加强数据资源发掘运用。加快农业大数据关键技术研发，加大示范力度，提升生产智能化、经营网络化、管理高效化、服务便捷化能力和水平。

4. 推进基础研究和核心技术攻关

围绕数据科学理论体系、大数据计算系统与分析理论、大数据驱动的颠覆性应用模型探索等重大基础研究进行前瞻布局，开展数据科学研究，引导和鼓励在大数据理论、方法及关键应用技术等方面展开探索。采取政、产、学、研、用相结合的协同创新模式和基于开源社区的开放创新模式，加强海量数据存储、数据清洗、数据分析发掘、数据可视化、信息安全与隐私保护等领域关键技术攻关，形成安全可靠的大数据技术体系。支持自然语言理解、机器学习、深度学习等人工智能技术创新，提升数据分析处理能力、知识发现能力和辅助决策能力。

5. 形成大数据产品体系和产业链

围绕数据采集、整理、分析、发掘、展现、应用等环节，支持大型通用海量数据存储与管理软件、大数据分析发掘软件、数据可视化软件等软件产品和海量数据存储设备、大数据一体机等硬件产品发展，带动芯片、操作系统等信息技术核心基础产品发展，打造较为健全的大数据产品体系。大力发展与重点行业领域业务流程及数据应用需求深度融合的大数据解决方案。

支持企业开展基于大数据的第三方数据分析发掘服务、技术外包服务和知识流程外包服务。鼓励企业根据数据资源基础和业务特色，积极发展互联网金融和移动金融等新业态。推动大数据与移动互联网、物联网、云计算的深度融合，深化大数据在各行业的创新应用，积极探索创新协作共赢的应用模式和商业模式。加强大数据应用创新能力建设，建立政产学研用联动、大中小企业协调发展的大数据产业体系。建立和完善大数据产业公共服务支撑体系，组建大数据开源社区和产业联盟，促进协同创新，加快计量、标准化、检验检测和认证认可等大数据产业质量技术基础建设，加速大数据应用普及。

（二）加快信息技术产业和数字内容产业发展

在数字经济时代，国家经济增长的决定性因素由要素投入的"规模效应"转变为知识"溢出效应"，以信息数字技术为核心的知识密集型产业正在成为新的经济增长点。我国也应该顺应知识密集型产业发展的历史潮流，加快新一代信息技术创新，积极发展数字内容产业，通过产业融合和链条经济推动产业结构升级调整。

1. 加强新一代信息技术产业发展

当前，以云计算、物联网，下一代互联网为代表的新一代信息技术创新方兴未艾，广泛渗透到经济社会的各个领域，成为促进创新、经济增长和社会变革的主要驱动力。加快发展新一代信息技术产业，加快建设宽带、泛在、融合、安全的信息网络基础设施，推动新一代移动通信、下一代互联网核心设备和智能终端的研发及产业化；加快推进"三网"融合，促进物联网、云计算的研发和示范应用，这将使数字经济在我国迎来前所未遇的发展机遇。然而，由于我国是在工业化的历史任务远没有完成的背景之下发展数字经济的，因此，必须积极通过新一代信息技术创新，发挥新一代信息技术带动力强、渗透力广、影响力大的特点，充分利用后发优势推动工业、服务业结构升级，走信息化与工业化深度融合的新型工业化道路。在实践方面，中国移动、中国联通、中国电信三大电信运营商和华为、中兴等电信设备提供商在积极探索、推动以 5G、无线上网、宽带接入为核心的信息通信技术的发展，并取得了一定的成果，我国的信息通信产业正在日益成熟。

2.重视数字内容产业的发展

数字经济已经从"硬件为王""软件为王"进入"内容为王"的时代，数字内容产业正逐渐成为增长最快的产业。然而，同数字经济国家比较我国数字内容产业在产业链条、产业规划和法律环境等方面还存在一定的差距。首先，国家数字内容产业通常以内容产品为核心，通过产业前向和后向关联机制衍生出产业链条；国内数字内容产业则"有产无链"，没有充分发挥数字内容产业所蕴含的链条经济效应。其次，当前数字内容产业在各省份、地区蜂拥而上，缺乏国家层面的规划布局，造成重复建设、同质竞争和资源浪费，不利于产业未来做大做强。最后，国内知识产权保护意识薄弱，各种侵权行为层出不穷，严重侵害了数字内容产品开发者的利益，大大抑制了数字内容产业的创新步伐。因此，我国必须统筹制订数字内容产业发展规划，加大知识产权保护力度，以链条经济充分带动数字内容产业的发展。总之，数字经济在我国已经扬帆起航，正在打破传统的产业发展格局。为此，政府需要从数字经济发展的平台建设、"互联网＋"行动计划，重视数字内容产业发展等方面采取措施，推进新形势下我国产业结构调整，提高信息化程度，积极应对数字经济发展。

三、共享参与战略决策

数字改变生活，数字经济发展也正在改变我们的明天。数字经济时代，社会和公众如何共同参与数字经济发展，使经济社会发展的成果惠及全社会和广大民众，这才是国家加快数字经济发展的出发点和最终落脚点。

（一）弥合数字鸿沟，平衡数字资源

目前，我国数字经济发展的最显著优势是网民众多，这有利于我国成功从人口红利向网民红利转变。但是，以互联网为代表的数字革命普及和应用不平衡的现实仍客观存在。

1.数字鸿沟产生的影响

从社会资本的角度看，使用数字技术的各类主体，能够快速数字化其原有

的关系网络和拓展新的关系网络，并将这些数字化的社会资本转化为新的经济社会资源；而无法使用数字技术的群体，则会因为其只能依赖原有的社会资本而被远远甩在后面。

（1）数字鸿沟使得个体机会的不均等加剧

数字化程度高的地区，学校学生可以通过互联网获取名师课程、在线习题等海量的教育资源，而对于欠发达地区的学生而言，传统的课堂学习仍是获取知识的主要渠道，这势必会进一步拉大本就已经存在的教育机会不均等。我国部分地区的学校把教学活动有时从线下转为线上，从而保证教学的持续进行，但有部分偏远地区的学生有时处于"脱网""半脱网"状态，无法开展正常的学习活动，这就是城乡数字鸿沟的具体体现。此外，工作机会的不均等也因数字鸿沟变得越发凸显。

（2）数字鸿沟使得企业竞争的不平等加剧

企业通过数字化转型，可以在市场竞争中占据优势地位，如通过建设智能工厂提升其内部的生产效率，使用电子商务增强其开拓国内外市场的能力等。传统企业由于仍是依托传统的资源禀赋，如劳动力成本优势、自然资源优势等，导致其在数字经济时代的全球竞争中处于弱势地位。

（3）数字鸿沟使得地区发展不协调加剧

从发展机会看，农村地区、中西部一些地区由于数字基础设施不完善、专业技术人员缺乏等，难以发展人工智能、大数据、云计算等相关产业，错失了数字经济发展的重要机遇。相比于浙江、广东、福建等东部地区抢抓机遇，布局数字经济，中西部地区在数字经济大潮面前显得相对沉寂。从发展结果看，城市相比农村、东部地区相比中西部地区，数字产业化、产业数字化的程度都更高，数字化治理更完善，数据价值化挖掘也更充分。由此，数字经济红利分配格局呈现出城市多、农村少，东部多、中西部少的局面，这势必会进一步拉大本已存在的地区发展不平衡、不协调问题。

（4）数字鸿沟使得全球发展不平衡加剧

数字技术传播的过程，同样也是全球财富积累的过程，比如，微软、谷歌等互联网巨头企业的快速成长，成为美国等国家经济增长的重要动力源。而一些国家则受限于自身经济发展水平和数字技术水平，一方面，很难成为数字消费国，无法享受数字技术带来的生产生活便利；另一方面，即使成了数字消费国，也很难实现从数字消费国到数字生产国的转变。这使得一些国家在全球数字经济红利的分配中处于非常被动的地位。

2. 弥合数字鸿沟的主要途径

（1）以硬件设施升级为重点弥合"接入鸿沟"

第一，扩大数字基础设施覆盖范围。推动"数字丝绸之路"建设，持续加大落后国家和落后地区固定宽带网络和移动通信基站的建设投入，并给予充分的资金和技术援助，包括数字基础设施建设的贷款和利率优惠、数字技术专利的适度共享等。同时，创新互联网接入方法，加快全球低轨宽带互联网星座系统部署，为偏远地区提供稳定的互联网接入方式。第二，提高互联网接入质量和传输能力。鼓励宽带技术、5G通信技术的创新与应用，提高数据传输速率、减少延迟、节省能源、提高系统容量，为在线学习、视频会议、智能制造、远程医疗等领域提供关键的支撑。第三，降低宽带和移动流量套餐资费。有序开放电信市场，以市场化竞争倒逼电信企业提高运营效率，降低服务资费。鼓励电信企业面向贫困学生等用户群体提供定向流量优惠套餐，面向中小企业降低互联网专线资费。

（2）以软件服务优化为抓手弥合"使用鸿沟"

一是培育专业化的数字人才队伍。通过组织优秀人才留学访问、跨地区交流等方式，将专业人才作为数字技术传播的桥梁和纽带，吸收发达地区的先进数字技术应用经验，不断提升落后地区群众的数字技能。二是优化数字教育资源公共品供给。各地政府应当打造全国性的数字教育资源公共服务平台，指导教师运用数字化教学设备，提升在线授课技巧；帮助学生熟悉各类数字教育软件，提升在线学习效率。三是助推传统企业数字化转型升级。政府和行业组织应当鼓励传统企业学习数字化领军企业的成功转型经验，为企业运用工业互联网平台、建设智能工厂、打造智慧供应链提供专业技术指导。

（3）数字素养培育为特色弥合"能力鸿沟"

明确角色定位，推动形成以政府机构为规划领导者，教育机构为具体执行者，社会力量为辅助者的多主体数字素养培育体系。在这个体系下，包括学生、工人在内的全体社会公民都是数字素养培育的对象。制定培育目标，构建集数字资源收集和鉴别能力、数字知识利用和交流能力、数字内容创造和输出能力、数字安全维护能力为一体的多元化培育框架。倡导有教无类，面向不同家庭背景、不同学历层次、不同工作岗位的群体，将数字素养培育融入家庭教育、学校教育、职业教育、社会教育中，打造全方位的数字素养培育模式。

（二）大力倡导大众创业、万众创新

适应国家创新驱动发展战略，实施大数据创新行动计划，鼓励企业和公众发掘利用开放数据资源，激发创新、创业活力，促进创新链和产业链深度融合，推动大数据发展与科研创新有机结合，形成大数据驱动型的科研创新模式，打通科技创新和经济社会发展之间的通道，推动万众创新、开放创新和联动创新。

1. 扶持社会创新发展

数字经济是未来经济发展的新蓝海，蕴藏巨大的商机和展现更为广阔的市场。面对数字经济带来的新机遇、新挑战，政府应该帮助社会创新发展，因为只有创新才能使社会大众从数字经济的金矿里挖掘更多的"金子"。

（1）鼓励和扶持大学生和职业院校毕业生创业

实施"大学生创业引领计划"，培育大学生创业先锋，支持大学生（毕业5年内）开展创业、创新活动。通过创业、创新座谈会，聘请专家讲座等形式鼓励和引导大学生创业、创新。积极扶持职业中专、普通中专学校毕业生到各领域创业，享受普通高校毕业生的同等待遇。免费为职业学校毕业生提供创业咨询、法律援助等服务。

（2）支持机关事业单位人员创业

对于机关事业单位工作人员经批准辞职创业的，辞职前的工作年限视为机关事业社保缴费年限，辞职创业后可按机关事业保险标准自行续交，退休后享受机关事业单位保险机关待遇。

（3）鼓励专业技术人员创业

鼓励专业技术人员创业，探索高校、科研院所等事业单位专业技术人员在职创业、离岗创业的有关政策。对于离岗创业的，经原单位同意，可在三年内保留人事关系，与原单位其他在岗人员同等享有参加职称评聘、岗位等级晋升和社会保险等方面的权利。鼓励利用财政性资金设立的科研机构、普通高校、职业院校，通过合作实施、转让、许可和投资等方式，向高校毕业生创设的小型企业优先转移科技成果。完善科技人员创业股权激励政策，放宽股权奖励、股权出售的企业设立年限和盈利水平限制。

（4）创造良好创业、创新政策环境

简化注册登记事项，工商部门实行零收费，同时实行创业补贴和税收减免政策。取消最低注册资本限制，实行注册资本认缴制；清理工商登记前置审批项目，推行"先照后证"登记制度；放宽住所登记条件，申请人提供合法的住所使用证明即可办理登记；加快"三证合一"登记制度改革步伐，推进实现注册登记便利化。

（5）实行优惠电商扶持政策

依托"互联网＋"、大数据等，推动各行业创新商业模式，建立和完善线上与线下、境内与境外、政府与市场开放合作等创业、创新机制。全面落实国家已明确的有关电子商务税收支持政策，鼓励个人网商向个体工商户或电商企业转型，对电子商务企业纳税有困难且符合减免条件的，报经地税部门批准，酌情减免地方水利建设基金、房产税、城镇土地使用税；支持电子商务及相关服务企业参与高新技术企业、软件生产企业和技术先进型服务企业认定，如符合条件并通过认定的，可享受高新技术企业等相关税收优惠政策。

2. 规范和维护网络安全

随着移动互联网各种新生业务的快速发展，网民网络安全环境日趋复杂。为此，政府需要加强法律制度建设，提高网民网络安全意识，维护社会公共利益，保护公民、法人和其他组织的合法权益，促进经济社会信息化健康发展。

当前，大数据已从互联网领域延伸至电信、金融、地产、贸易等各行各业，与大数据市场相关联的新技术、新产品、新服务、新业态不断涌现，并不断融入社会公众生活。大数据在为社会发展带来新机遇的同时，也给社会安全管理带来新挑战。

针对以上问题，应结合我国实际，借鉴国际经验，尽快启动规范数据使用和保护个人信息安全方面的立法工作。规范数据使用管理，对非法盗取、非法出售、非法使用、过度披露数据信息的行为，开展专项打击，整顿市场秩序。将个人使用数据的失当行为纳入公民社会信用记录，有效净化数据使用环境。同时还要强化行业自律，将有关内容纳入各行业协会自律公约之中，建立互联网、电信、金融、医疗、旅游等行业从业人员保守客户信息安全承诺和违约同业惩戒制度。

3. 树立共享协作意识

移动互联网平台、大数据平台和手机APP等现代信息技术平台的推广运用，使社会、公众的联系愈加紧密。这也为数字经济时代社会协作发展提供了可能。

（1）积极发挥社会组织公益式孵化作用

社会组织本质上是自愿结社，具有平等共享和自发的特点。成员之间平等交流、同业互助的社会关系能够促进良性的创新思维。同时，自发成立的社会组织本身也是一种创业和创新，可以说，社会组织天然地具有创新、创业基因。为了提高创业、创新的成功概率，应该积极发挥社会组织对创业者的公益式孵化作用，弥补国家、政府、企业无法顾及的创业、创新领域。目前，在中关村就有多家社会组织为"大众创业、万众创新"提供全方位服务，比如"民营经济发展促进会""民营经济发展研究院""大学生创新创业联盟""职业教育产业联盟""中关村国大中小微企业成长促进会""中关村创业投资和股权投资基金协会"等，通过开办"创新创业大讲堂""创新创业服务超市""创新创业孵化基地"等，为数以万计的创业青年、众创空间、创业技术企业提供了融资、专业技能、管理水平、政策法规、办理执照等服务。

（2）坚持共享协作发展

数字经济时代，创业创新发展不再是单兵作战、孤军奋战，而是社会全面共享协作发展。所以，创业创新发展要获得巨大成功必须充分利用移动互联网平台、手机APP等数字化服务，加强政府、企业、社会共享协作发展，构建"政府引导、企业主导发展、社会共享协同参与"的数字经济发展新格局。

总之，数字经济发展成果广泛惠及社会民众，这是数字经济发展的根本。所以，弥合数字鸿沟，平衡数字资源，是社会共享参与数字经济发展的基本前提；

大力倡导"大众创业、万众创新"战略行动，是社会共享参与数字经济发展的具体实践；规范和加强网络安全，加紧网络安全法规制度建设，是社会共享参与数字经济发展的重要保证。

2.智慧停车系统

根据网络上与智慧交通相关的公开资料，智慧交通是未来交通发展的大势所趋，而智慧停车则是城市智慧交通的"开路先锋"，是现阶段缓解停车难、推动交通智能化、信息化发展的关键。智慧停车首先要解决城市内部数据使用独立、用户获取信息渠道不畅通、信息不对称、资源不对称的问题，否则停车也就难以真正"智慧"，而技术成为化解这些问题的关键手段。运用大数据、云计算、物联网、人工智能等前沿技术对传统停车模式进行彻底改造，才能全面打通城市停车资源大数据，并配合城市智慧停车管理系统，实现城市交通管理一体化、智慧化，提升城市交通管理效率。在这方面，深圳举全市之力，以智慧道路停车为切入口，对城市交通软件设施进行智慧化改造，形成了由信息采集前端、运营管理后台、服务综合云平台三大模块组成的智慧停车场系统，改变了以往停车数据互不联通、停车资源分散、停车管理方式滞后的局面，极大缓解了城市停车难的压力，为中国解决城市交通问题提供了宝贵的先行先试经验，值得其他城市借鉴。

3.降低事故率，提升事故处理效率

根据相关数据资料显示，自汽车发明以来，交通安全事故便如影随形，全球每年因为交通事故而死亡的人数超过100万人。在传统经济时代，交通安全管理更多地偏向于事后处理，而如何降低交通事故发生概率，一直是社会的巨大难题。在数字经济时代，借助人工智能、物联网等技术就可以更有效地降低事故发生的概率。在车联网技术中，导航终端、可感知疲劳驾驶的车载报警系统和传感器能够识别驾驶员驾驶行车状态，对防止驾驶员疲劳驾驶、加速道路行驶效果明显；车距监控、前碰撞与后追尾预警、车道偏离预警系统等安全系统同样可以降低事故发生率，确保行车一路安全。而在出现事故后，通过人脸识别执法应用模式，可以针对可疑车辆与人员进行甄别，迅速锁定违法行为和违法人员，精确度很高；并通过事故快速处理平台，运用AI技术识别和优化

第四章 数字经济促进传统行业转型升级

第一节 智能制造与数字农业

一、智能制造

制造业是价值生产、创造与创新的最重要行业，互联网、大数据、云计算、人工智能等数字技术向传统制造业融合、渗透、改造与创新，推进传统制造业数字化转型升级与智能制造的不断发展，对整个经济结构的转型升级与社会效率的提升都具有重大的价值。

（一）数字技术与制造业数字化转型

数字技术日益成为制造业转型升级的新动力，互联网、大数据、云计算、物联网、人工智能等数字技术开放共享、协同创新的特征正在不断推动着制造业价值链的重构与效率的提升，推动着制造业不断创新，促进制造业供求的动态平衡，制造业生产呈现新生产特点与制造业流程管理呈现新变化。

1. 数字技术促进制造业价值链重构与生产效率提升

首先，与其他行业相比，制造业与数字技术融合的过程，是从易到难、从简单到复杂、从局部到整体、从量变到质变，从生产流程、生产管理到组织创新的过程，是从研发设计、产品创新、生产管理到服务的网络化、智能化，使制造业价值链发展体系加速重构的过程；其次，数字技术与传统制造业融合的过程，是发展理念、技术和产品、业务模式甚至整个生产体系的全方位融合的过程，是价值传递更是价值创造与创新的过程，不但会提高制造业交易效率，也会使全社会生产效率得以提高；最后，以加工制造为主，长期处于价值链中低端的制造企业借助数字技术可促进生产型制造向服务型制造转变，将有机会加快从传统单一的加工组装环节向研发设计与销售及售后服务两端延伸，可以使其产品附加值中的服务含量进一步提高，并使其不断向价值链高端攀升。

2. 数字技术推动制造业不断创新

首先，促进不同行业的交叉融合创新。制造业与互联网、大数据、云计算、物联网等数字技术的加速融合，极大激发了生物医药、航空航天、智能制造、新能源、新材料等领域的交叉融合创新，涌现出更多新的经济增长点。其次，促进制造业新模式与新业态的涌现。制造业与互联网、大数据、云计算、物联网等数字技术的加速融合，可有效激发出制造企业更大的创新动力与发展潜力，进而涌现出更多的新业态、新产品和新模式。最后，促进企业间的协同创新。数字经济下，航空、汽车等技术密集型行业企业，依托工业互联网或工业云平台，通过不同企业间的众包设计、协同研发等新模式，不仅可低成本获得更加丰富的资源，也能突破既有的企业边界，实现企业间甚至产业间的协同发展与创新，促进产业整体竞争力提升。

3. 数字技术促进制造业供求的动态平衡

首先，促进总供给能力提升。移动互联、大数据、人工智能、云计算等数字技术与制造业融合过程中会进一步提升土地、资本、劳动力、技术、企业家才能等生产要素的配置效率，使经济社会总供给的能力和水平得以提升。其次，促进柔性生产能力提升。为有效满足消费者个性化、多样化需求，通过数字平台中心和智慧工厂建设，借助数字技术不仅可将消费者的需求信息直接转化为生产决策，建设起以消费者为中心的个性化定制与按需生产的柔性生产体系，也使制造业长期解决不了的高库存与产能过剩问题得以化解，实现供给和需求的动态平衡。最后，消费者全程参与的数字产品供给增加。数字经济下，数字产品协同制造、服务型制造成为生产方式变革的新趋势。传统经济下大批量、标准化、集中化的生产方式加快向数字经济下大规模、分散化定制生产方式转变，传统的制造产品将被类似于可穿戴智能装备等可感知、能储存还具备通信功能的数字产品所取代，消费者也将变成可全程参与产品生产制造的产销者，使需求信息融入产品供给全过程，更易实现供求的合理匹配与动态平衡。

4. 数字技术下制造业生产呈现出新特点

从每次产业变革来看，不管是蒸汽革命促进机械化、自动化，电力革命促进电气化，信息革命促进信息化，还是现在的数字变革促进数字化的大发展，都会对人们生产、生活以及经济发展与社会转型产生深远的影响。特别是近年来随着信息经济逐步发展到数字经济1.0再过渡到数字经济2.0时期，大数据、云计算、物联网、人工智能、区块链等数字技术不断迭代创新，并与传统经济领域各层面不断渗透、融合、改造与创新，跨国公司国际一体化生产方式也受到严重的冲击与影响。

传统工业经济下由于劳动力成本在产品生产过程中占据较大的比重，所以大多跨国公司为提升其竞争力，往往倾向于在劳动力成本较低的大型生产基地组织国际化生产。而在数字经济下，由于数据作为最重要的生产要素，不但对劳动、资本、土地等要素构成巨大的替代作用，而且会不断放大这些要素的生产力，所以数字经济下的跨国公司往往更倾向于数字技术较为发达、数字基础设施水平较高的区域布局国际一体化生产，特别是那些资本、技术密集型行业企业往往倾向于拥有更高数字技能员工、更高数字化程度、可支持大量个性化定制生产的分布式制造地点。

之前在传统工业经济时代，跨国公司与上游供应商、中间合作商与下游分销商之间国际合作伙伴关系错综复杂，故需要与有限的供应商、合作商与分销商之间签订相关的合同，建立更加安全紧密的战略合作伙伴关系，约束相关企业之间的行为，而在数字经济下，依托数字平台，从事电子商务、跨境电商等数字贸易的海量大中小微企业之间的合作伙伴关系则较为松散，它们之间不需要依靠合同约束相关的行为以建立紧密的合作伙伴关系，因为在数字技术的作用下，依托跨境电商等数字平台，不同企业之间可以随时建立起供应、分销、合作等伙伴关系，这也会推动数字经济下跨国公司的国际一体化生产由原来的全球模块化生产到最后集中在某一地方加工组装，再对全球销售的国际一体化生产模式向依靠数字平台等中央数字服务系统控制下的数字化、自动化、网络化、服务化、柔性化、分散化和去中介化生产方式转变。

（1）数字化

数字经济时代，企业数字化改造成为促进其生产成本不断下降、生产效率不断提升的基本要求。企业数字化主要表现为企业数据与信息收集的系统化和代码化、企业信息处理的智能化和网络化、企业信息传递的标准化和及时化、企业数据与相关信息存储的商务化等。因此，数据库技术、条码技术、大数据技术、数字订购系统及有效的客户关系反映等技术在我国各行业企业中将会广泛应用。数字化是一切的基础，没有企业的数字化，先进的技术设备就不可能应用在各行业。以数字化为基础，再综合应用大数据、人工智能、人机交互等新一代数字技术，改进生产管理服务流程，可实现智能生产与管理。

（2）自动化

数字化的更高一层就是自动化，自动化主要表现为厂房车间、前台服务等各部门的无人操作、人工智能，重点就是机电一体化，其效果不但可提升企业生产作业能力、降低企业生产成本、提高企业劳动生产率、减少生产作业过程中的错误，还可节省大量的人、财、物以及时间资源，如在生产与物流运输过程中，条形码、射频自动识别系统、自动分拣系统、自动存储系统、自动跟踪系统等自动化基础设施在全球范围内已经大量投入使用。

（3）网络化

网络化的基础也是数字化，网络化具体包括几个方面：一是生产、物流系统的计算机通信网络化，具体是指消费者借助数字技术，通过数字平台，输入需求的电子信息，然后末端的物流配送中心在数字平台上，使用计算机通信方式并借助电子数据交换技术和电子订货系统，向上游供应商提出电子订单，再通过智慧物流派送系统把原材料、半成品等运送到中间制造商与最终产品生产商，通过计算机网络收集下游客户对定制化生产物品的特殊要求，及时反馈给相关生产环节，最终把生产出来让消费者满意的产品，通过智慧物流网络派送给消费者。二是组织生产与管理的网络化，具体是指企业组织按照分布在全球各地的不同客户订单，在全球范围内组织分散化、网络化生产，即将全世界与生产相关资源充分利用起来，采取众包的形式将生产的半成品、零部件等中间产品外包给世界各地数字技术较为先进、数字基础设施较为完善、离最终消费需求比较近的最具有比较优势的制造商去生产，然后通过全球的智慧物流网络系统将这些半成品、零部件通过物流配送中心发往同一加工组装基地进行集成组装，最后再由该物流配送中心将组装好的最终产品智能派送给终端客户。整个过程都需要有高效的生产、物流网络的支持，其基础就是建立在数字化基础上的生产、物流体系网络化。三是企业间的网络化协同，数字经济下，依托既有巨型数字平台或自建数字平台成为企业获得竞争力的最优选择。那些聚集在互联网或工业互联网云平台前端的海量中小企业通过众包设计与研发、协同生产与创新、供应链协同管理等网络化模式合作，不但可大幅提升每个企业的资源利用范围，有效降低资源获取成本，还可通过数字平台的滋养，使其价值链不断向纵深延展，从而激发出更多创新的源泉，进一步提升其创新水平与增值能力。

（4）服务化

不像传统工业经济时代下，服务业依附于制造业生存，服务环节更多是为大批量、模块化生产制造环节提供润滑剂，数字经济下服务业通过数字化加速改造，其分工更加细化、模块化与全球化。数字经济下跨国公司的国际一体化生产将富含更多的服务内容，制造过程中的服务也由原来只是服务于某个制造模块向服务于整个产业链的服务模块化与全球化转变，当然最终制造产品中也将蕴含更多相关服务的价值，制造产品服务化水平将进一步提升。传统经济下的企业借助云计算、大数据分析、人工智能数字技术手段可为顾客提供更加精准化、多样化的智能服务，实现由原来的卖产品向卖服务拓展。

此外，服务化还表现为数字经济下制造业与服务业融合程度的进一步加强。数字技术下产品价值的创新与实现将不仅是依赖某一生产环节，而是依靠价值链不同环节融合后的价值链区段甚至与之相关的整个产业价值链条。大数据、云计算、物联网等数字技术不仅有效提升了制造业价值链上下游之间数据流动与信息的传递效率，也会不断助推制造业和服务业产业链条的垂直整合与重构，原来以产品制造为中心的制造业不断向研发设计与营销及售后服务端延伸，同时服务企业也将借助数字技术不断推动自身向流程化、标准化、产品化发展，制造业与服务业之间的边界呈日渐融合之势。

（5）柔性化

柔性化建立在数字化、自动化的基础之上，柔性化是指能根据消费者需求的变化来灵活调节生产工艺与生产规模，进而实现更好满足顾客定制化需求的目标。数字经济下，民众个性化需求的大量激发，不但要求生产过程可满足更多的集中化、大批量的生产，与此同时，也要求高度自动化和数字化的生产支持更多的消费者个性化与多样化定制生产。要真正做到柔性化，就需要配套的数字化与自动化基础设施。大数据、人工智能、物联网、3D打印等数字技术与数字基础设施方面的国际投资不断增加，也在进一步推动着国际一体化生产向数字化、自动化、高端化转型，不单使国际一体化生产效率进一步提高，而且通过订单定制化生产，既可增加生产产品的多样性，也提高了生产过程、产量控制与库存控制的灵活性，从而可更好满足季节性或区域性市场需求波动，使国际一体化生产更具柔性。

20世纪90年代，美国最先开启数字经济发展进程，在其主导的国际生产领域也纷纷推出弹性制造系统、企业资源计划以及供应链管理的先进制造管理模式和技术，其目的就是要通过对生产过程的信息化与数字化集成控制，再根据客户个性化、多样化需求的变化随时组织柔性生产；与此同时，也在生产过程的下游，物流运输领域提出更高的要求，如要求物流配送中心也通过智慧物流系统的建设，灵活地组织物流仓储、运输、装卸、搬运等作业环节，以适应柔性生产、智能派送与直达消费终端的特色需求。

（6）分散化

不同于传统工业经济时代下的国际一体化的生产方式是先通过分布在全球各地的供应商模块化生产各种半成品、零部件等中间产品，然后再把不同的半成品、零部件等中间产品运送到劳动力成本最低的地方去加工组装。在数字经济时代，为更便于最终用户参与产品研发设计、生产制造、改造创新、物流运输等产品生产全过程，国际一体化生产的特点是不断转向依据消费者的需求，更接近需求点的当地化生产制造，特别是借助3D打印、可复制工厂等数字技术，打印组件或零配件，要求更倾向于靠近需求地，从事更小规模的灵活分散生产而不是靠近劳动力成本低区域的集中一体化生产。

例如，目前制药行业的特点是传统的大批量集中生产制造、流程操作缓慢欠灵活、药品质量难以保证，难以追溯，还容易导致库存积压，故被视为僵化和不可持续的制造状态，根本满足不了药品品种多样集成、产品生产周期更短和药物量更小的长尾市场需求。通过数字技术的使用与改造，制药行业将迎来分散式生产的巨变：未来可能是病患本人或亲人在数字平台上提交需求的药品信息电子订单，通过数字中央集成控制系统再把电子订单分发给广泛分布于更接近于病患消费地的微型工厂生产，最终药品成品或包装的完成则可依据病人的个人医疗具体需求在当地诊所或附近药房进行，从而彻底打破了传统的基于降低成本的全球模块化生产、大规模集中加工与包装再向全球销售的模式。

（7）去中介化

数字经济下，依托数字平台，消费者的个性化、多样化需求可与生产、销售等环节直接连接，产品和服务也将通过消费者电子订购、全程参与生产、全程跟踪物流信息直到最终直接到达终端客户手中，省去了很多中间生产与销售环节。首先，销售服务的去中介化。在企业下游供应链中，借助大数据分析营销等手段，企业可对消费者的需求实现更精准的预测，也不需要批发商和分销商、零售商层层代理机构而直接与消费者实现最终交付。其次，生产的非中介化。在传统企业生产数字化转型过程中，产品制造商会把消费者对产品设计的理念、产品质地、颜色、规格等要求充分融入半成品、零部件等中间产品与最终产品生产的全过程，甚至厂商还会依据消费者对最终产品的意见做出进一步的改造与创新，产品生产全过程都依赖相关生产商通过数字平台和最终用户的直接接触与互动，这样来自一些国家的半成品、零部件供应商提供的中间产品可能通过离最终用户最近的生产商直接进入最终组件，再运送到消费者手中，而原来把大量半成品与零部件运送到劳动力成本低的国家集中加工组装的环节可能会彻底消失。可见，生产的非中介化是通过数字技术，依托数字平台，促进离用户最近的中间品制造商、最终厂商与用户的直接互动交流，进而完成按消费者个性化定制需求生产的全过程。

5. 数字技术下制造业企业流程管理新变化

数字技术下企业的流程管理将发生较大变化：第一，自动化电子外包：传统经济下材料采购容易受到供应中断的影响，而借助数字系统下的电子数据交换，通过数字化的形式采购，可以提供适时的可见性，可有效预防、降低供应中断的成本，而且通过数字平台可适时寻求、扩展合作范围而不只局限于一两家直接供应商。第二，数字工厂设计：将 3D 建模系统用于工厂设计，再加上柔性制造系统和数据连接，创造出工厂设计、生产流程的新范式。第三，实时的工厂调度：数字业务流程再造将通过对传感器和智能设备的管理更好对接企业资源规划与云系统，提高交付性能与生产率。第四，灵活的工厂自动化：机器人协同和机器学习正在推动工厂自动化进入新时代，不但会提高资源配置效率，而且会使多样化的定制生产变得更加灵活，成本还大幅降低。第五，数字生产过程：用增材制造过程（如 3D 打印）取代减材制造过程（如打磨加工），可增强新产品的个性化设计，也可能会导致整个行业供应链的重组。第六，电子商务：数字技术下的电子商务表现为包括个性化配置、全方位访问和"最后一公里"交付的基于网络的订单管理。第七，扩展供应链监控：通过传感器，对完整的端到端供应链进行预测分析和实时风险管理，预测中断和支持动态决策。第八，数字供应网络设计：关注整个供应网络各环节之间的关系。第九，产品生命周期管理：可以在整个价值链环节中提供可访问的最新的精确的产品信息，促进跨组织单元参与设计、采购、制造与合作创新，进一步缩短产品的上市时间。

（二）数字化改造的未来路径

经过改革开放 40 多年来的发展，我国已经成为联合国工业门类最为齐全、工业体系最为完善的国家。随着我国人均收入水平的不断提高，中产阶级人群与国内市场规模的进一步扩大，对先进制造品的需求也呈爆发式增长趋势，随着《中国制造 2025》的印发，未来我国在大力发展先进制造的同时，如何保证通过数字化改造提升竞争力，进入了各级政府部门政策制定过程中考虑的范围。

目前围绕传统制造业数字化改造，传统工业与互联网的融合，呈现出两种不同的观点：一种为由美国谷歌、亚马逊、微软等数字企业提出来的"互联网＋制造业"版本（以下简称 I 版），另一种为由德国提出的传统制造业企业主导的"制造业＋互联网"版本（以下简称 M 版）。

I 版与 M 版相比，数字化改造过程中不仅所需投资较小，操作简便、灵活，而且适用范围与生产场景较为广泛，不仅天然适合于中小微企业和创业企业，也已为很多大型先进制造企业所使用，成本节省效果明显。更重要的是，在移动互联时代，中国国内几家互联网企业在规模、技术、应用等维度上与国际先进互联网企业已经可以比肩。因此，国内中小微企业与创业企业以 I 版为模板推进"互联网＋制造业"实现数字化改造成为现实可能，而与此同时，规模相对较大、资金实力较为雄厚、生产流程较为复杂的大企业则可以选择从 M 版出发实现数字化改造，两者可以齐头并进，共同推进中国制造 2025 宏伟蓝图的实现。

二、数字农业

（一）数字农业的内涵

随着数字技术逐渐渗透到各行各业，在农业供给侧结构性改革的大背景下，数字技术与传统农业生产过程中的生产、管理、加工、销售和服务等方面紧密结合在一起，不仅可改革传统农业生产结构与调整传统农业的生产方式，也可推动农业发展模式的创新，提高农业需求与供给侧的匹配度，从而实现真正意义上的"智慧农业"。可见，智慧农业是智慧经济的重要内容，是依托物联网、云计算、人工智能等数字技术与农业生产相融合，通过对农业生产环境的智能感知和数据分析，实现集农业集约化生产、智能化控制、信息化决策、精细化管理、差异化服务和扁平化经营于一体的农业现代化发展新模式。另外，智慧农业也是数字技术与农业生产、经营、管理和服务全产业链的融合与重组，其以现代信息服务网络为支撑，以智慧农业生产为核心，通过智慧产业链的打造对传统的农业产业链中的生产、营销、售后等环节乃至整个产业链实现彻底升级改造，进而引导农业生产效率的提升与整个产业结构的优化。

（二）物联网技术在智慧农业中的运用

近几年，大数据、云计算、人工智能等数字技术已被各个领域所熟知并运用。而随着国家政策对农业支持的力度不断加大与物联网技术的日渐成熟，物联网技术也被广泛应用到农业环境监测、农业生产智能管理、农产品安全与溯源等农业的诸多领域，其大致可归结为前端生产信息的采集、信息的传输和远程控制、信息的处理与应用三个关键的层面。

1. 前端生产信息的采集

通过对终端传感器的广泛运用，可以采集到所种植产品的土壤、害虫、湿度等的数据来判断何时施肥、何时喷药、何时灌溉以及所需分量等动植物信息，实时掌握动植物动态，从而避免传统经验式管理的资源浪费和对环境的破坏。此外，通过传感器所收集的空气温度、湿度、土壤水分等接近或超出了作物最佳生长值的信息，还可以进行临界条件的提示和提醒，进而根据提醒及时采取相应行动，保障作物生长环境的最优。

2. 信息的传输与远程控制

通过传感器所传输的数据，可以随时随地掌握农作物的信息，对农作物进行远程管理，同时请农业技术人员或通过专家系统对农作物的长势、病虫害等进行科学诊断与决策，进而通过适时的数据监测、传输与远程控制，帮助农民给农作物创造适宜的生长环境并提供充足的养分，进而带来更好的经济效益。

3. 信息的处理与应用

目前，社会各界对于产品的质量安全，特别是农产品质量安全问题总是分外关注，后期的农产品流通领域，借助物联网技术建立一套完善的防伪品控溯源系统，如通过一物一码技术就可透过传感器所采集的作物生产过程中每一个环节的重要数据，对产品从生产原料到制作工艺，到仓储、分销、物流运输等流通过程进行全程追踪、质量追溯与安全溯源，一旦发现质量与安全问题，可快速精准召回，既可减小企业损失，也可为产品质量提供良好的保证。而建立起安全溯源系统的种子公司、农药公司、化肥公司等农业资源公司既可通过对前端生产数据的处理实现对农户的精准营销，还有助于树立自身的品牌形象。

（三）数字农业发展趋势

1. 农业决策由单一数字技术向集成化、高度智能化数字方向发展

数据分析、处理能力是数字农业发展的核心，而更好地利用人工智能、大数据、深度学习、数学建模等技术才可进一步解决我国当前数字农业发展过程中需要解决的实际问题，当然最终能否形成集成化、高度智能化的数字农业决策系统也成为未来数字农业发展能否取得更大成效的关键。

2. 农业生产由靠天吃饭向高度集约与规模化方向转变

当前我国农业的最大痛点之一是长期过量施肥所形成的土壤污染及与之相

伴随的农产品质量安全，基于物联网与传感器形成系统化的生态体系的数字农业，让利用云计算、数据挖掘等技术进行多层次分析后的指令与各种控制设备进行联动，可以在农业生产管理环节实现精准灌溉、施肥、施药等，实现农业生产的高度集约化与规模化，既可显著提高农业生产经营效率，也可提高农业对自然环境风险的应对能力，使以往靠天吃饭的局面大为改观。

3. 农业产出由数量增长向质量、健康与安全转型

农产品安全事关生命健康，随着收入水平的不断提高，人们对食品有更高的质量要求与更多的个性化品类需求。数字农业背景下的农业产出需要实现从解决温饱，强调数量增长向强调提升品位与质量，提升健康与安全水平转型。因此，基于用户对农产品需求的定制化生产、更低成本和更高质量的农业生产系统、更高效的管理模式及支撑体系以及从餐桌到田间确保农产品安全的可回溯机制成为民众对农业的主要需求。而借助数字技术，促进田间传感系统、智能居家系统以及个人智能可穿戴设备的结合，将使农业生产过程更加定制化和智能化；依靠物联网技术、无线通信技术、音视频技术等手段，建构起来的农业生产过程实时图像、视频监控、监测系统以及智慧物流系统沉淀下来的各种数据，又可为消费者提供随时随地追溯农产品的生产与流通过程的信息查询，实现了农产品从田间到餐桌全链条的质量安全监管，也从源头生产上保证了农产品安全。

然而，当前数字农业发展进程中仍存在数字农业基础设施落后、高素质职业农民匮乏、相关的教育体系还未建立、农机设备数字化程度较低以及农业产学研与农业科技推广力度不够等问题，各级政府、企业、农业院校及农业科技人员必须在人财物等方面加大对数字农业的投入力度，才能更好助力农业快速实现数字化。

第二节　数字文化与智慧物流

一、数字文化

文化是促进民族进步的精神食粮与动力，其重要性不言而喻。文化产业的转型升级，离不开数字技术的强力支撑。通信技术、大数据、云计算、物联网、人工智能等数字技术的兴起，为文化产业实现数字化转型升级提供了路径和方向，以文化创意内容为核心，依托数字技术进行创作、生产、传播和服务的数字文化产业的新业态、新模式也不断涌现，包括数字游戏、数字娱乐、数字动漫、数字出版、数字典藏、数字表演等，数字文化消费也成为主导文化消费的主力军。越来越受到社会关注的动漫游戏、网络文学、网络音乐、网络视频等数字文化产品目前已经成为群众文化消费的主产品。

（一）5G 技术使文化资源加速数字化

3G 时代手机多半用来浏览文字、图片与网页，4G 时代人们开始看视频，5G时代用来看超清视频，相较于 3G、4G，5G 具有低延时、高速度、高可靠性、低功耗的特点，5G 将为数字化文化资源建立高速信息通路，促进数字化生产要素与产品的高效流通，进而有助于建立基于数字化广泛连接的数字创意生态系统，使文化资源的数字化发展再上新台阶。

（二）社交 VR 促进数字娱乐的兴起

根据网络上有关资料显示，随着高速网络的普及，游戏社交已从分屏合作进化成供全球真实玩家在线互动的方式，多人电子游戏越来越像社交平台，特别是 VR 的出现为多人交互、共同体验打开了新的篇章。所以，VR 不仅是沉浸式 3D 环境的外设，更是一款可用于与其他人进行交流沟通的复杂工具，可为用户提供高度精细 3D 环境的共同体验。例如，不同玩家之间可以进行实时对话，甚至通过现场技术实现数字面部表情回应，而不再是基于传统的文本交流，甚至用户可在虚拟世界中与其他玩家相遇，并与个性化 3D 形象面对面畅聊感兴趣的共同话题，使传统的非 VR 社交体验变得更加完美。此外，VR 不仅吸引传统的游戏团体，也能吸引对游戏打斗没有兴趣的其他人群，满足不同人群的需求。例如，通过 VR 开发故事驱动的交互冒险游戏，将精心设计的剪辑场景与有趣的个性冒险叙事模式结合，用户可以体验第一视角进行的故事叙述。虽然 VR 不可能代替真实交互，但它能给人们带来真实世界中体验不到的社交模式，这就是未来 VR 共同体验促进数字娱乐大显身手的地方，它能够放大真实世界的关系，同时提供沉浸式、好玩的、发人深省的、有趣的冒险体验，让人们与家人、朋友以及世界的联系更加紧密。

（三）数字技术为文化创意产业带来无限可能

根据网络上与文化创意产业相关的资料，人工智能、大数据、虚拟现实等数字技术在丰富文化内涵的同时影响着文化生产方式的革新，也加速了文化传播方式的升级，为文化消费创造出新的机遇，使文化消费向着虚拟式、碎片式、沉浸式等方向发展。特别是随着智能手机的普及以及手机拍摄功能的持续优化，整个人类社会进入"全民创作的时代"，此外，抖音、快手等直播短视频平台的兴起，反映出数字技术的进步为民众文化生产方式带来的改变与革新。在数字技术作用下，不仅可以通过算法精准推送个性化的文化内容，还可以通过人工智能自动生产文案，随着数字技术的发展，文化传播的方式也不断升级并逐渐呈现出辐射更广、速度更快、影响更大等特点。

随着以 5G 为代表的高速移动通信技术的应用，虚拟现实、增强现实、8K 视频等数字化技术可轻易突破文化资源的形态与空间局限，人们通过移动智能终端，就能身临其境地体验不同类别的文化资源。然而，不管数字文化的生产、传播以及消费方式如何变化，数字文化产业的内核始终是为文化内容和创意服务，因此，未来数字文化产业仍然须坚持内容为王、创意创新为本的根本宗旨，继续推进优质的文化内容的供给，不断培育高质量的文化品牌，才能引导新的文化消费不断升级。

（四）数字技术下大学生网络文化消费的引导

随着人类社会由传统的农业经济、工业经济逐步过渡到数字经济时代，5G 网络、大数据、人工智能、虚拟现实、增强现实、8K 视频等数字技术在丰富传统文化内涵的同时也为文化生产、传播与消费带来了更大的便利。动漫游戏、网络文学、网络音乐、网络视频等网络文化产品因其交互性、虚拟性、开放性和全球性目前已经成为群众文化消费的主产品。作为社会栋梁的大学生，其文化消费行为不仅深刻影响着自身的认识、情感、思想与心理，也关系着整个群体知识水平的提高和文化素养的提升，更决定着整个社会的文化消费习气和社会文化倾向。作为数字经济时代的原住民，当代大学生已经成为网络文化消费的主要群体。虽然目前大学生网络文化消费行为主流是好的，然而，由于缺乏判断力和分析力，大学生网络文化消费逐渐呈现出不良倾向，即诉求多样化，但以娱乐消遣为主；凸显个性化，但存在庸俗化倾向；目的性明确，但缺乏理性等。再加上网络上商业诱导和大众文化的渗透与大学生自身理性的不足、情感的冲动和趋同心理，也促发了一些不良网络文化消费行为，如消费内容低俗化、消费倾向娱乐化、消费行为感性化等追潮流与盲目跟风的倾向，一定程度上也会对其造成思想上、学习上与生活上的困扰。这些问题的存在虽然受到纷繁复杂的多种外在因素的影响，但更多还是受到自身多种内在需要的驱使。因此，数字经济下大学生的网络文化消费趋势必须引起高度关注并予以正确引导。所以，数字经济下正确引导大学生网络文化消费行为势在必行。

二、智慧物流

（一）智慧物流的定义

我国智慧物流的概念最早由中国物流技术协会信息中心、华夏物联网和《物流技术与应用》共同提出，他们将智慧物流定义为："智慧物流将物联网、传感网与现有的互联网整合起来，通过精细、动态、科学的管理，实现物流的自动化、可视化、可控化、智能化、网络化，从而提高资源利用率和生产力水平，创造更丰富社会价值的综合内涵。"而德勤中国《中国智慧物流发展报告》则认为智慧物流是为提高整个物流系统的自动化、数字化水平，推动物流决策及执行智能化水平提升，建立在宽带、数据中心等数字基础设施的基础上，借助物联网、大数据等数字技术与自动化分拣等智慧物流设备，集多种服务功能于一体，强调信息流、资金流与物质流高效、快速运转，从而实现通过社会物流资源的优化配置，提高社会运行效率、降低社会运行成本目的的物流体系。

综上所述，智慧物流综合了作为"智慧"的大数据、云计算、物联网等数字技术，以及作为一般物流的仓储、运输、包装、装卸、搬运、流通加工、配送等物流系统各环节，将数字技术有机、系统、科学地应用于一般物流的各个环节，从而达到提高物流效率、降低物流成本的新业态。随着数字经济的发展，智慧物流的实现可为我国传统产业数字化转型提供动力。然而，"智慧物流"不仅是一个技术问题，更是涉及体制机制、目标协同、组织管理和运行等问题的系统与综合的概念。

（二）推动智慧物流的必要性

根据物流行业相关研究报告，由农业经济过渡到工业经济再到电子商务和数字经济阶段，我国物流业发展逐渐从单一的物流线路逐渐过渡到城际、区域、全国乃至全球物流网络，总货运量及物流市场规模持续扩大；与此同时，物流业发展结构也日益呈现出分散化、碎片化、自动化、智能化等典型特征，智慧物流体系构建的理念也呼之欲出，并逐渐获得相关行业的普遍认可，近几年，智慧物流的发展也成为学界普遍关注的焦点。

1. 相关政策出台推动智慧物流快速发展

从各政策文件的内容看，随着传统物流业面临转型升级的新需求日趋强烈，国家对智慧物流的发展也日趋重视。随着物流服务能力的不断提升与技术装备条件、基础设施网络的不断完善，物流业面临着对高效率、低成本、多样化、智慧化物流需求的不断增长，以及资源环境约束与国际竞争日趋激烈的严峻考验，只有通过进一步提升物流社会化、专业化、信息化、标准化、现代化、数字化水平，才能实现我国物流业的逐步转型升级。而随着大数据、云计算、物联网、区块链等数字技术的不断发展，智慧物流的发展也日渐成为推动传统物流业转型升级的新动能。

要依托互联网、大数据、云计算物联网等数字技术，大力推进"互联网＋"物流发展，着力营造物流业良好发展环境，积极鼓励企业发挥互联网等数字平台实时、高效、精准的优势，通过推广运用高效便捷的物流运输新模式、新业态，加快推进物流仓储信息化、标准化、智能化建设，实现运输工具和货物的实时跟踪与在线化、可视化管理，推进物流资源进行合理调配与整合利用，提高物流资源使用效率与物流业运行效率，其实就是要推动智慧物流的快速发展。

2. 数字技术与数字基础设施驱动智慧物流快速发展

随着我国数字经济突飞猛进的发展，数字技术的不断迭代创新与数字基础设施水平的提升也为智慧物流发展提供了基础支撑。首先，数字技术的发展为智慧物流发展提供了技术动力。数字经济下，5G 技术、大数据、云计算、物联网、人工智能、3D 打印等数字技术的广泛运用，推动了无人驾驶、无人机、无人卡车等智慧物流技术的兴起，并广泛应用于仓储、运输、装卸、配送、末端服务等各物流环节，促使传统物流行业的业务发展流程与运营环境发生改变，也推动着传统物流模式与业态的不断革新，从而为智慧物流发展提供了更强的技术动力。其次，数字基础设施水平的提升，为智慧物流的发展提供了客观基础。高速宽带、大数据中心、云计算中心、全球布局的传感器网络、空天一体的数字基础设施，为智慧物流的快速发展提供了基础设施的客观支撑。数字基础设施水平的不断提升以及物流企业数字化水平的进一步提高也激发了其对智能化物流运作模式快速发展的需求，这无形中也在推动着智慧物流不断向前发展。根据中国物流与采购联合会数据，当前物流企业对智慧物流的需求主要集中于以电商物流大数据为主的智慧物流数据（形成层）、基于云计算应用模式的物流云平台（运转层）以及智慧物流设备（执行层）三大领域，预计到 2025 年，智慧物流市场规模将超过万亿元。

3. 消费者与生产者的需求变化提升对智慧物流的发展需求

随着数字技术的不断发展，消费者与生产者的需求变迁并激发了对智慧物流的巨大需求。首先，消费者需求驱动智慧物流发展。数字经济下，随着消费者收入水平的日益提升，之前对产品大规模、标准化、同质化的需求逐渐向定制化、差异化、异质性产品需求转变，随着消费者需求的转变，其对这些产品的订购与交易也更多依赖数字平台，采用数字化订购、数字化传输与数字化交易的方式，这必然催生对更高效、更快速、更便捷的智慧物流的巨大需求。其次，生产者需求驱动智慧物流快速发展。为了给用户提供更加质优价廉、更满足其个性化定制需求的商品，数字经济下的生产，更多是通过运用大数据、云计算、人工智能等先进数字技术手段，直接把消费者数字化订购、网络参与研发设计与智能生产制造全产业链环节连接起来，实现分散化、模块化、柔性化、定制化生产，整个生产过程中不但融入消费者的创意和理念，在整个产品生产过程中，还要求根据消费者对产品的意见和建议进行适当修改与完善，这就在原来模块化分散生产与积聚组合的基础上，产生了利用海量消费者数据、高效物流网络合理优化仓储、运输等物流资源布局的新要求，也进一步提高了对半成品、零部件等中间产品物流运输高效率与低延迟的要求，产生了对智慧物流的巨大需求。

第三节　数字金融与智慧教育

一、数字金融

金融业属于信息、知识与技术密集型行业，数字技术对金融行业的作用更为突出。数字金融主要是指将数字技术特别是云计算、大数据、人工智能、物联网、区块链等数字技术应用在金融领域，推动传统的金融服务模式不断变革与创新，进而使传统金融服务的价值得以大幅提升。

（一）数字技术助力金融业效率大幅提升

金融业与大数据、云计算、人工智能、物联网、区块链等数字技术的跨界融合相对其他行业来说也较为领先并取得了较好的效果：随着专业云服务商为金融机构建设金融行业公共云与银行机构自建云的不断增加，云计算对金融业的影响日益扩大；随着大数据技术的快速发展及其与金融业的深度融合，金融业风险控制与反欺诈、运营管理与快速授信、大数据营销与销售支持和商业模式创新等环节的工作效率得以显著提升。人工智能对金融业的影响目前主要集中在智能研究报告自动生产、智能投资顾问帮助财富管理等重要领域，使传统金融服务成本大幅降低，效率大幅提升；物联网技术对金融的影响，既一定程度上提升了金融机构内部管理的效率，也使得金融业外部服务水平得以进一步提升，如通过物联网技术的应用可使得电子交易平台上的交易实现数据流、实物流和资金流的透明监管与统一流动；区块链技术的使用更推动着金融业的巨大改革与创新，区块链技术不仅可降低金融运营成本，提升不同金融机构间协同服务能力，也可提高金融审计业务的审计效率与审计结果的可靠性，还能有效防范金融市场的系统性风险，促进金融监管效率的大幅提升。

（二）数字金融的内容体系

数字金融作为一个生态体系不断发展：一方面表现为数字技术及相关企业积极向传统金融业的领域渗透，另一方面传统金融机构也积极通过应用数字技术加快金融创新的步伐。

1. 移动支付

作为数字金融创新的重要领域，数字金融企业的移动支付业务借助大数据、云计算、物联网、区块链等数字技术，不仅可为众多客户提供更加快速与高效的移动支付平台，也可通过对平台积累下的海量客户交易数据进行精准分析，进而为客户提供定制化的服务。例如，一些非传统金融机构使传统金融机构的市场份额逐渐受到侵蚀，而随着数字技术特别是区块链技术在金融领域的广泛应用，传统金融机构的市场份额会进一步减少。

2. 财富管理

随着大数据、云计算、物联网、人工智能、区块链等数字技术广泛应用在金融领域，传统经济下更多由银行等金融机构从事的财富管理业务也逐渐向数字经济时代下的数字平台企业转移。以智能投资顾问为例，不同于传统金融机构中的理财顾问与客户面对面的服务模式，现在客户只须通过平台提供理财要求、个人偏好与财务水平等相关数据信息，智能投资顾问就可借助投资的相关理论模型，利用云计算、大数据、深度算法等数字技术自动为用户提供最合适、最理性的资产配置建议，不仅使客户的投资门槛和交易费用大为降低，使客户的投资决策流程大为简化，也可使客户投资者的情绪化影响得以最大限度地避免，使其投资风险得以进一步分散，使投资的安全性、便利性与盈利性进一步提高，从而为用户创造出更大的价值。

3. 互联网保险

根据网络上公开的相关资料，以大数据、云计算、物联网、人工智能等为代表的数字技术的不断升级换代也推动着保险业务流程的不断创新。其中，物联网等数字技术的应用促进车联网保险等保险新模式的诞生；云计算技术的应用则使互联网保险服务更加高效与可靠；大数据分析技术广泛应用于保险产品设计与精准营销、理赔和风险管理等业务环节，则可以为广大网民提供更加个性化的互联网保险产品定制服务；人工智能技术的使用更可使保险咨询、营销及售后、风控管理等保险服务多环节效率得到全面提升。

4. 数字银行

在当前发展数字经济的环境下，随着数字技术的不断创新，数字企业正在一步步侵蚀传统银行的零售银行业务，特别是随着数字技术向金融领域的不断渗透与深度融合，新型的零售银行为降低成本，提高效率，正在探索不设立任何物理网点与传统柜员机的纯线上数字银行，不仅可为客户提供远程开户与其他智能服务业务，借助数字技术平台，也可以使客户的相关金融服务体验不断提升。

（三）数字金融风险

数字金融的发展，虽然为民众带来更多的普惠与方便，但由于其参与面广、流动性大、交易量多等特性，也给金融体系平添了不少风险。

第一，系统性金融风险。数字金融特别是数字普惠金融，为个人和小微企业提供了资金融通上的便利，但由于其大多风险识别意识淡薄、资金实力薄弱，稍一出现问题，就容易出现大规模挤兑现象，再加上数字金融风险传导速度之快、范围之广，远高于线下，一有风吹草动，就有可能诱发银行系统的流动性风险，甚至是系统性的金融风险。

第二，数字银行的投资与信用风险。由于数字银行的借贷行为大多通过线上进行，投资人为了获得最大的利息收益，可能会在不完全了解借款人信用信息的情况下，就草率地把资金借给高风险借款人，出现投资收不回来的风险；当然，也有可能借款人在没有通过面对面交流，不了解投资人具体信息的情况下，就通过互联网借贷平台借入资金。

第三，银行监管方面的风险。由于数字金融混业经营的特点，大多数字金融平台集数字银行、网上与移动支付、互联网保险、网上证券等业务于一体，而银行监管体系仍是分业监管，这就容易导致很多新金融业态不能被有效监管，出现监管不力或存在监管漏洞的风险。

第四，货币政策效果打折扣的风险。随着数字金融平台的不断发展，更多的资金有可能游离在银行体系之外，如一些人打着发展区块链的幌子，行诈骗之实，等等，有可能使中央银行失去对货币供应量的准确度量与严格管控，从而使有效调节货币供给量的货币政策效果大打折扣。

第五，个人财务信息泄露的风险。由于越来越多的人通过网络投资与理财，不可能不留下个人财务信息，但这些相关的个人信息如果得不到有效的存放与监管，泄露出去就有可能被非法使用。要规避这些风险还有赖于未来数字技术的不断发展与监管政策体系及相关框架的进一步完善。

二、智慧教育

人工智能、大数据、云计算、物联网等数字技术日新月异的发展，导致人类的工作、生产、生活方式等方方面面都发生着重大的变革。随着数字技术不断向教育领域融合渗透，慕课、在线培训、远程教育等数字化教育形式不断涌现，随着教育行业数字化技术投入的不断增加，未来更加个性化与互动化的教育新模式、新形式也会纷纷涌现，这必将会给存在诸多弊病的现行教育行业带来更大的冲击与改革的良好契机。

（一）数字技术带动智慧教育发展浪潮

虽然全球各国物质资源禀赋、经济发展水平、教育普及程度、基础设施水平等存在差异，教育发展水平也良莠不齐，但随着数字技术在教育领域的蔓延，全球范围内兴起了教育数字化转型与智慧教育改革的浪潮。

智慧教育是在各级政府主导作用下，由各层次学校和各类型企业参与共建的、具有教育与数字化双重属性的现代化教育服务体系，其本质就是通过大数据、云计算、物联网、人工智能等数字技术与手段，实现教育资源与信息、知识的共享。其优势就在于突破了传统教育行业存在的师资、学校等教育资源总体不足以及各地分配不均匀、家长和学校间的信息不通畅、家长对学生在学校的安全存在担忧、教学方式枯燥乏味、学习效率低下等突出问题，借助数字技术与数字基础设施，通过在线教育、智慧校园、智慧教室与智慧课堂的建设，既可实现优质教育资源跨时间与跨地区的共享，还能为学生提供真实学习场景，甚至是互动、沉浸式的学习体验，增加学习的趣味性，提高学习的自主性，使学习更加高效，也便于教师全面、准确、及时地获取每个学生的学习状态，准确评价学习效果；还可促进教育管理者和家长之间的信息自由流动与沟通衔接，提升教育管理效率，助力美好、安全的校园环境建设。

1.人工智能开启智慧教育新模式

人工智能技术的不断成熟及其与教育行业的深度融合，将不断革新传统教育的学习范式，开启数字教育新模式。以人工智能为核心的教育技术可以从语音、图像、面部表情等更多维度实现更大量级的数据采集与汇聚，可以从采用语义识别、情感计算等更高效的数据处理方法和AR/VR、机器人等更具互动性的人机界面实现与教育行业深度融合，可以分别沿着扫码搜题在线答疑、自动批改作业、智能测评和个性化学习四个方向，逐步提高教学的灵活性、智能性及互动性。例如，从学生角度出发，借助人工智能的自适应学习系统通过大数据精准分析，为学生制订个性化的学习方案并自动生成智能化的学习内容；从老师的角度出发，依托人工智能的帮助可实现虚拟教学助手、作业自动批改、学情智能测评等应用，提升教学反馈的准确率，促进教学质量的提高。

2.VR/AR助推智慧教育新变革

未来教育的发展，学习者能否获得动态更新的学习内容、更多的交流互动与更高层次的学习体验的学习环境，在限制了学习主动性和创新活力的线下学习方式、无法形成完整的学习体系、碎片化较为严重的线上学习方式方面能否有更大的突破与创新，都面临着机遇与挑战。

日臻成熟的VR/AR技术和应用通过与教育环境相融合，不仅为学习者提供更丰富生动的线上教育场景和动手操作机会，优化了学习者的学习环境，还可改善学习者的学习习惯、学习方式与思维方式，为学习者带来更加沉浸式的学习体验。例如，学生戴上体验学习环境的虚拟现实头盔，就能更好地直观体验与感知教学场景，使学习者沉浸于整个教学环境中，从而促进学习效率的大幅提升。

3.STEAM 传播智慧教育新理念

STEAM（科学、技术、工程、艺术、数学）教育提倡"动手动脑的探索式"学习过程，以重实践、重跨界、重创新为主要特点，是科学、技术、工程、艺术和数学多学科交叉融合发展的综合性教育。人工智能、VR/AR、3D打印技术与STEAM倡导的教育方式相继融合发展，可以使中小学各个阶段的学生在智能化学习场景中不断提高动手、逻辑思维与创新能力，进而开启素质教育新模式。例如，在高级教学机器人的陪伴下，在人工智能与VR/AR的仿真实验室中，借助认知计算的复杂决策辅助系统，可帮助学生在游戏化的学习体验中实现智能交互，进而完成多学科交叉融合的探索式学习过程，学生的动手能力、逻辑思维能力和创新能力也得以提高。

（二）数字技术助力中国教育腾飞

在国家政策的大力支持与引导、数字经济的催生与带动等众多因素的作用下，数字技术与教育领域逐渐融合渗透，数字教育新生态雏形逐渐显现。随着以大数据、云计算、人工智能、AR/VR为代表的新技术应用获得群体性突破，政府也出台系列政策文件鼓励数字教育发展，随之越来越多的互联网公司进入教育领域探索在线教育发展模式，移动数字教育平台与应用也不断兴起，特别是数字直播教育与传统教育的结合推动着教育方式的不断创新。数字教育的发展不仅在优化教育资源配置、促进教育公平方面做出贡献，而且在尊重学生个体差异、丰富学科内容、满足学生个性化教育需求上也可发挥作用，更有助于突破学生学习时空限制，不断加快教育教学方式变革的进程。

例如，中国的在线教育经历了20世纪90年代以前的录音、录像等传统教育，以远程教育为代表的"互联网＋"或数字化教育，以及直播课、慕课、知识付费等移动教育与智能教育。在线教育不但能使教学资源利用最大化，而且能使学生学习行为不再受时间、空间与学习内容匮乏的限制，不仅使学生学习行为更加自主，还可以与教师、同学就学习中遇到的问题实时互动交流，也促进了教学管理向数字化、智能化转变，提高了教学管理的效率。近年来，我国在线教育实现了快速发展，这除了与我国网民特别是手机网民等用户规模不断增加、我国数字技术与数字基础设施建设水平有了快速提高、我国财政性教育经费占比不断增加有关外，也在于我国教育部为在线教育发展提供了良好的政策环境。

然而，我国在线教育行业仍面临着线上运营成本高、付费用户比例低、投资回报周期长、恶性竞争激烈等问题，这既有待于未来在线教育企业教育产品的不断推陈出新、在线教育市场的不断细分、提供更加多元的教学情境体验，也需要政府在政策上对于在线教育的持续助推。

总之，我国目前的数字教育建设以政府为主导，以学校和企业为主体，通过传统教育机构、教育科技公司、互联网企业之间的相互协作，积极应用最新的数字教育资源推动着传统教育发展模式的不断改革与创新。

（三）智慧教育存在的问题

综观各国智慧教育发展，其在取得重大成就的基础上也存在一定的问题，如所有的教育信息都实现数字化、网络化会不会存在教育信息被泄露与非法使用的风险？数据管理技术能不能有效保护学生个人隐私？在纷繁复杂的学习资源中，学生该如何有效选择适合自己的资源，把更多的时间、精力花在学习上，而不是浪费在不同资源的选择上？由于数字技术与数字基础设施水平在不同区域间存在极大的差异性，智慧教育有没有可能导致教育差距与不公平的进一步扩大？如何才能更多地发挥智慧教育的优势并积极规避其弊端，既依赖国家及不同地方政府的财政投入扶持与有效监管，也依赖学校教学模式的创新、社会大众对不同学习方式的有效选择与多样化教育资源的高效利用，还依赖不断迭代创新的数字技术对隐私泄露与安防等问题的不断攻克。

第四节　数字医疗与数字交通

一、数字医疗

（一）数字医疗的内涵

医疗水平直接关系到广大人民群众的健康安危，作为最基本的民生需求，医疗在民生领域占据非常重要的位置。人工智能、大数据等数字技术不断向传统医疗行业渗透、融合，必将促进医疗行业的巨大变革。智慧医疗，是指物联网、大数据、人工智能等数字技术与现代医疗的充分结合，促进全国甚至全球医疗资源的优化配置，从而提高医疗效率，降低患者就医成本，改变患者就医方式。当前，患者通过在线医疗数字平台，采用文字、语音、图片甚至视频等多种方式向医生描述具体病患症状，就可让医生充分了解患者患病基本情况及病情变化趋势，从而有效制定并提出合理的诊断意见和诊治建议。一系列医疗 APP 等在线问诊企业，其服务内容包含病情在线咨询、患者电子健康档案管理、患者相关医疗数据储存、远程视频诊治、药品等医疗物资电商服务等内容，借助这些医疗数字平台，患者足不出户就可以方便地享受远程在线问诊、咨询及医药用品购买一体化服务，不但为患者获得质量更高的医疗服务提供更大便利，也大幅度降低了其就医成本，提高了就医效率，关键是借助数字平台患者和医生之间可以建立长久联系，缓解医患矛盾，患者和医务人员之间的信任度也逐渐提升。

（二）数字医疗的趋势

近年来，越来越多的智能硬件都可随时连接网络，这无疑为数字医疗的发展提供了良好的土壤。数字医疗可帮助用户进行更有效的健康管理。在我国数字医疗能为解决医疗资源不均衡等问题提供有效的解决方案。物联网、人工智能、机器学习、区块链数字技术正从消费和商业使用转移到医疗行业，如借助智能手机就能让用户获取和共享自身的健康数据，医疗供应商能够与患者全天候互动，还能实现医疗服务的追踪和个性化定制，数字医疗技术的发展和应用使人们越来越确信它将改变医疗行业的现状与未来。数字医疗的内容也非常多样化，涵盖了从面向消费者的一般健康应用程序到通常需要食品药品监督管理局批准的高级临床解决方案，医疗行业的数字化和向以价值为基础的医疗服务的巨大转变使数字医疗与传统医疗的结合将日益紧密，数字医疗行业的趋势也愈加明朗化。

1. 数字技术优化医疗服务的工作流程

传统医疗过程中，患者从预约挂号到接受诊疗到享受医疗服务，通常需要几周或几个月的时间，医生们在诊疗时又十分匆忙，将患者数据输入电子病历还要花费太多的时间，如何高效地进行医疗服务交付成为困扰业内人士和患者的复杂问题。而数字技术的应用可以为那些时间紧迫的医疗人员提供决策支持、更高效的工作流程和不同形式的移动通信，使其能在更短的时间内接待更多的患者，同时也为患者提供更好的医疗体验。此外，在决策支持、人工智能和数据工具等数字技术的辅助下，就医时间大为缩短，不仅使更多患者得到医疗服务，还有助于降低劳动力成本和医疗成本。例如，护士、初级保健医生、病例管理人员可通过数字技术分担一些原本属于专门医生从事的工作，使医生的更多精力集中于诊疗与医技水平的提升，甚至患者在数字技术的作用下也能利用智能移动设备在家中进行医疗方面的自我管理。

2.AI 助力药物研发与数字干预

AI 落地医疗，在助力药物研发、医生诊断等方面表现非凡，目前正在为一线医生降低劳动强度，并帮助医疗资源覆盖到偏远地区。公众能够直观感受到的就是多地大医院配备的为患者回答问题、初步分诊、疏导患者的人形导医机器人。其实 AI 更多地表现为助力药物研发以及通过应用程序的设置与数字干预提高临床疗效，药物发现的过程涉及数百种化合物的鉴别以及这些化合物在后续试验过程中持续不断地被剔除，通过缩小治疗靶点的范围，AI 能够更迅速、廉价地帮助药企研发新药，大大缩短研发新药的时间和成本。此外，借助 AI 技术，通过以临床上可证明的方式改善患者的健康应用程序等数字干预措施，使用各种健康、行为和情境数据，来改善患者的治疗计划。这类应用程序具有令人信服的临床疗效，制药公司也有兴趣将数字干预与其生产的药物相结合，以改善预后，并进行产品细分，然后直接与患者接触。

3.智能可穿戴医疗设备促进健康自我管理

虽然借助 AI 技术使药物研发方式不断改进，但目前药物的输送和监测手段仍然相对滞后。现行的医疗监测与药物输送手段，如量血压和测心率、输液等都容易出现人为失误，如果以皮肤为平台，将可穿戴装备放置在皮肤上以进行持续的生理监测和药物输送实现健康的自我护理，不仅能让患者减少住院时间，而且获得的数据更可靠，更可大大减少人为失误。此外，通过智能可穿戴设备实时监测身体体征数据，通过对身体各项数据的显现，既可改善患者的治疗计划，也可促进更多的患者参与医患互动，还可督促用户养成良好的生活习惯，对疾病的预防也有好处。

4. 数字技术促进医疗数据的集成与分析

近年来，已经出现了电子病历中的数字化健康数据、智能手机捕获的健康数据和基因组数据等急剧增加的趋势。这些新型医疗数据集有许多用途，如医生可以通过分析这些数据来做出诊断和决策；患者也可以从数据的预后预测中受益，医疗保险公司和那些直接支付雇员保险的公司可以用它们来完善保险精算模型。而这些数据现在处于孤立、易受袭击的分散式状态，日益庞大的数据处理起来也很棘手，而且所有数据管理如今都面临一个共同难题，那就是无法实现数据共享。而区块链具备收集全球临床信息和共享医疗记录的巨大潜力。在区块链技术的作用下，医疗数据未来应该是集中的、受保护的、网络式的。例如，登记在区块链上的医疗数据会被加密处理，患者可以选择更有保障的途径，不同于将患者的信息孤立地存储在当地的医院，患者的每一次新的就诊经历都会被记录在一个公共平台上，而且这些信息的获取权限完全由患者本人控制，可极大程度减少隐私泄露风险。

二、数字交通

（一）数字交通的内涵

根据网络与数字交通相关的公开资料提升，城市建设，交通先行，作为城市"血脉"以及城市流动性重要体现的交通，既肩负着客流和物流的运输任务，也承载着民众对于美好生活的向往。从最初的人（畜）力车到如今的机动车、新能源车，一座城市的交通效率对于城市经济、政治、文化、教育、社会、生态等方面的发展影响越来越大，甚至还决定着整个经济社会的发展形态。随着我国城市化进程的向前推进与汽车数量的爆炸式增长，交通拥堵、停车难、噪声和空气污染、道路违法识别、交通事故处理等因交通导致的问题，使整个城市的承载能力与社会运行效率受到了严峻的挑战，这不仅在一定程度上折射出城市治理与规划水平，也给整个民生领域带来了切实的影响。而随着物联网、大数据、云计算、人工智能、无人驾驶等一系列数字技术的兴起，创新科技对于各大城市交通乃至城市扩张、经济发展的改变所扮演的角色越来越重要；与此同时，数字交通或智慧交通与智慧城市革命也随即爆发。随着智慧城市建设的大力推进，智慧交通也融入社会生活的各个领域，甚至成为经济发展重要的推动力，彻底改变着人们的生活和工作方式，因此，各界对智慧交通的关注度也不断提高。

数字交通是依托 ICT，以交通工具、道路以及相关服务信息的收集、处理、分析、运用为重点，以数字化、自动化、智能化为手段，以为交通运输参与者提供高效的互联、最佳的匹配与多样性服务为目的，由人、车、路、环境等多个子系统全方位综合智能连接构成的面向交通运输的服务系统。数字交通通过打造公平、高效、安全、便捷、环保的交通运输系统，以满足数字经济社会中民众不断增长的出行与运输需求，成为当今世界交通运输发展的热点和前沿。

从整个智慧交通发展 20 余年的历程来看，从一开始关注单个产品的研发与应用、单一系统运行以及单一功能的应用设计到关注大数据的互联互通，破除数据壁垒，再到现在的多技术融合、多系统集成，各技术之间、各管理部门之间、各出行方式之间的边界都在慢慢消解、交互，形成了万物互联为基础服务导向的新型智慧城市。然而，不论借助什么技术手段，甚至自动驾驶全面到来，都必须借助智慧交通解决安全和效率问题，为人民群众提供更方便、快捷、舒适、安全的环境和交通出行服务。

（二）数字交通案例

随着人们对交通优化的需求越来越高，以信息化、智能化手段，全面改造城市传统停车软硬件设施，为城市交通装上智慧大脑，是解决城市拥堵顽疾的关键。深圳就是中国智慧交通先行先试、发展最快的城市，是中国第一个实施路内停车收费的城市，并从交通监控、车流引导、停车管理等维度搭建了完整的智慧交通管理体系，交通运行管理效率大为提升。

1. 可视化监控智能疏堵

数字经济时代，数字技术在保障交通出行顺利有序中扮演着至关重要的角色。根据网络上有关公开资料，深圳智慧交通系统借助数字技术对前端设备传感器获取的路况信息进行大数据实时监测与统计分析，并以自动化、智能化的方式为用户提供及时的道路路况、公交车轨迹等重要信息，引导驾驶员改变出行路线，进而达到改善交通拥堵的目的。这种通过可视化监控、智能疏导、预约通行等手段对交通信息进行收集、整理、分析和利用的智慧交通系统，不仅促进了城市交通的顺达通畅，更为市民的出行提供了极大的方便。

2. 智慧停车系统

根据网络上与智慧交通相关的公开资料，智慧交通是未来交通发展的大势所趋，而智慧停车则是城市智慧交通的"开路先锋"，是现阶段缓解停车难，推动交通智能化、信息化发展的关键。智慧停车首先要解决城市内部数据彼此独立、用户获取信息渠道不畅通、信息不对称、资源不对称的问题，否则停车也就难以真正"智慧"，而技术成为化解这些难题的关键手段。运用大数据、云计算、物联网、人工智能等前沿技术对传统停车模式进行彻底改造，才能全面打通城市停车资源大数据，并配合城市智慧停车管理系统，实现城市交通管理一体化、智慧化，提升城市交通管理效率。在这方面，深圳举全市之力，以智慧道路停车为切入口，对城市交通软件设施进行智慧化改造，形成了由信息采集前端、运营管理后台、服务综合云平台三大模块组成的智慧停车场系统，改变了以往停车数据互不联通、停车资源分散、停车管理方式滞后的局面，极大缓解了城市停车难的压力，为中国解决城市交通问题提供了宝贵的先行先试经验，值得其他城市借鉴。

3. 降低事故率，提升事故处理效率

根据相关数据资料显示，自汽车发明以来，交通安全事故便如影随形，全球每年因为交通事故而死亡的人数超过100万人。在传统经济时代，交通安全管理更多地偏向于事后处理，而如何降低交通事故发生概率，一直是社会的重大难题。在数字经济时代，借助人工智能、物联网等技术就可以更有效地降低事故发生的概率。在车联网技术中，导航终端、可感知疲劳驾驶的车载视觉系统和传感器能够识别驾驶员驾驶行车状态，对防止驾驶员疲劳驾驶、超速逆道行驶效果明显；车距监控、前碰撞与后追尾预警、车道偏离预警系统等安全系统同样可以降低事故发生率，确保行车一路安全。而在出现事故后，通过人脸识别执法应用模式，可以针对可疑车辆与人员进行甄别，更快明确违法行为和违法人员，精确度极高，再通过事故极速处理平台，运用AI图片识别和视频分

析技术，可对事故进行远程定责定损，大大提高事故快撤效率，人工成本也大为降低。

4. 有效应对突发警情

根据网络上相关资料显示，如遇突发警情或恶劣天气，智慧交通平台可以远程遥控劝导站、卡口的拦车挡杆自动关闭或开启，实施快速封堵；通过远程遥控信号灯调整路口车辆通行状态，从而达到限制嫌疑车辆通行或者确保救援车辆一路畅通无阻的目的。同时根据地图上形成的标注，可以快速查询周边设备和警力，通过对讲机、警务通、智能语音交互等将指令第一时间直接下达到最近的执勤民警，就近调集周边警力完成快速、精准布控。

总之，对于城市管理而言，通过全方位智慧交通解决方案获得精准的数据信息，不仅可大量节省人力、物力等成本开支，而且会使管理更加高效、灵活。在深圳试点的智慧交通解决方案从日常的道路智能疏导、智慧停车到违法智能识别、事故远程精准定责，再到善后环节的智能语音交互，不仅使原来难以解决的交通管理难题有了新的解决之道，整个城市的交通状况与城市环境风貌也有了明显改观。

参考文献

[1] 朱嘉明. 元宇宙与数字经济 [M]. 北京：中国对外翻译出版公司，2022.

[2] 钱志新. 全新数字经济 [M]. 北京：企业管理出版社，2022.

[3] 马骏，袁东明，马源. 数字经济制度创新 [M]. 北京：中国发展出版社，2022.

[4] 黄奇帆，朱岩，邵平. 数字经济内涵与路径 [M]. 中信出版集团股份有限公司，2022.

[5] 申雅琛. 数字经济理论与实践 [M]. 长春：吉林人民出版社，2022.

[6] 李瑞. 数字经济建设与发展研究 [M]. 中国原子能出版传媒有限公司，2022.

[7] 吕红波，张周志. 数字经济中国新机遇与战略选择 [M]. 人民东方出版传媒有限公司，2022.

[8] 王大山，王淳枫. 链商重塑数字经济新生态 [M]. 北京：机械工业出版社，2022.

[9] 谢雅楠. 数字经济时代的生态创新 [M]. 北京：中国经济出版社，2022.

[10] 刘西友. 新治理数字经济的制度建设与未来发展 [M]. 北京：中国科学技术出版社，2022.

[11] 杜雨，张孜铭. WEB3.0 赋能数字经济新时代 [M]. 北京：中国对外翻译出版公司，2022.

[12] 靳杰. 数字经济下的绿色消费影响因素及促进机制 [M]. 北京：知识产权出版社，2022.

[13] 张晓燕，张方明. 数实融合数字经济赋能传统产业转型升级 [M]. 北京：中国经济出版社，2022.

[14] 张琳琳，伍婵提．数字经济背景下零售商业模式创新与路径选择研究 [M]．上海：上海交通大学出版社，2022.

[15] 叶开，贾朝心，黄笙发．产业数字经济 [M]．北京：中国商务出版社，2021.

[16] 彭昭．数字经济与 5G 新商机 [M]．北京：北京理工大学出版社，2021.

[17] 杜国臣，李凯．中国数字经济与数字化转型发展 [M]．北京：中国商务出版社，2021.

[18] 郭沙．数字孪生数字经济的基础支撑 [M]．北京：中国财富出版社，2021.

[19] 高艳东，王莹．数字法治：数字经济时代的法律思维 [M]．北京：人民法院出版社，2021.

[20] 胡江华．数字经济基于特色产业生态创新 [M]．北京：光明日报出版社，2021.

[21] 唐晓乐，刘欢，詹璐遥．数字经济与创新管理实务研究 [M]．长春：吉林人民出版社，2021.

[22] 毛丰付，娄朝晖．数字经济技术驱动与产业发展 [M]．杭州：浙江工商大学出版社，2021.

[23] 严谨．数字经济从数字到智慧的升级路径 [M]．北京：九州出版社，2021.

[24] 陆生堂，卫振中．数字经济时代下企业市场营销发展研究 [M]．太原：山西经济出版社，2021.

[25] 刁生富，冯利茹．大数据与数字经济 [M]．北京：北京邮电大学出版社，2020.

[26] 龚勇．数字经济发展与企业变革 [M]．北京：中国商业出版社，2020.

[27] 王世渝．数字经济驱动的全球化 [M]．北京：中国民主法制出版社，2020.

[28] 叶秀敏，姜奇平．数字经济学 [M]．北京：中国财富出版社，2020.

[29] 袁国宝. 新基建数字经济重构经济增长新格局 [M]. 北京：中国经济出版社，2020.

[30] 吴晨. 转型思维如何在数字经济时代快速应变 [M]. 杭州：浙江大学出版社，2020.

[31] 鄢小兵. 数字经济下中国产业转型升级研究 [M]. 吉林出版集团股份有限公司，2020.

[32] 李靓. 数字经济时代消费类期刊转型升级与融合创新 [M]. 武汉：湖北人民出版社，2020.

[33] 汪欢欢. 数字经济时代的服务业与城市国际化 [M]. 杭州：浙江工商大学出版社，2020.

[34] 黄洁. 再造独角兽：数字经济时代的企业升级 [M]. 北京：中国铁道出版社，2020.

[35] 肖亮. 卓越流通数字经济时代流通业高质量发展与浙江经验 [M]. 杭州：浙江工商大学出版社，2020.

[36] 赵大伟. 分布式商业：区块链与数字经济开启大规模群体协作新时代 [M]. 北京：机械工业出版社，2020.

[37] 杜庆昊. 数字经济协同治理 [M]. 长沙：湖南人民出版社，2020.

[38] 姚建明. 数字经济规划指南 [M]. 北京：经济日报出版社，2020.